AF536368

RUTH INNERHOFER

KNOW HOW GLUTEN FREI

66 Rezepte für alle Teige:
Nudeln, Knödel, Brot, Kuchen, Kekse

RÆTIA

INHALT

Genuss mit Tiefgang

Muffins Seite 90

Drei Jahre lang habe ich kein Brot gegessen, weil mir das glutenfreie Fertigprodukt nicht geschmeckt hat und mein selbst gebackenes Brot hart wie Stein war. Eines Tages habe ich den Entschluss gefasst, diese Situation nicht länger hinzunehmen. Ich habe angefangen, mich intensiv mit dem Thema „Gluten" zu beschäftigen. Vieles habe ich auf Basis meines Wissens als Köchin und vieles aus dem Bauch heraus probiert. Ich habe experimentiert, bin zu Beginn oft gescheitert, aber auch das gehört dazu! Heute weiß ich, welche Produkte ich verwenden kann, wie sie miteinander zu kombinieren und zu verarbeiten sind, damit echter Genuss entsteht. Ich bin Ruth Innerhofer, Gastgeberin im Hotel Drumlerhof in Sand in Taufers, und habe seit über 20 Jahren Zöliakie. Die tückische Unverträglichkeit macht Betroffenen den Alltag schwer und ist bis zur Diagnose mit vielen schmerzhaften Erfahrungen verbunden. Ich weiß deshalb, was Verzicht und Disziplin bedeutet. Ich wollte aber nicht lebenslang Abstriche machen und mich lesend durch den Supermarkt quälen, um irgendetwas Genießbares zu finden. Ich hatte es satt, mich bei jedem Restaurantbesuch ausgegrenzt zu fühlen und jedem servierten Gericht mit Skepsis zu begegnen. Genau aus diesem Grund liegt heute bei uns im Naturhotel Drumlerhof und in unserem Restaurant Drumlerstuben der Schwerpunkt auf Genuss ohne Einschränkung – für wirklich alle Gäste. Meine Familie und ich führen das Haus gemäß einer besonderen Philosophie. Nachhaltigkeit, Gemeinwohl, das respektvolle Zusammenleben von Mensch, Tier und Natur, die Wertschätzung für die einfachen Dinge im Leben, wie wir es bereits in unserer Kindheit gelernt haben ... all das leben wir authentisch und wollen es zugleich mit der Erfahrung unvergesslicher Genussmomente kombinieren. Die Devise lautet pures Wohlgefühl, aber mit reinem Gewissen und ohne Angst – auch und im Besonderen für unsere Gäste mit speziellen Bedürfnissen. So backen wir schon um fünf Uhr morgens frische glutenfreie Brötchen, servieren am Nachmittag hausgemachte Kuchen für alle und verwöhnen am Abend mit einem mehrgängigen Themenmenü die Gaumen unserer Gäste. Jedes Gericht wird dabei in identischer Form auch glutenfrei aufgetischt. Denn wer Knödel wünscht, der soll auch Knödel bekommen.

Das besondere Kochbuch für Sie, liebe Zölis!

Vollkornbrot Seite 32

Die Idee, ein Kochbuch zu veröffentlichen, das zu 100 % glutenfreie Rezepte enthält und dem oft mit der Diagnose Zöliakie verbundenen kulinarischen Frust vorbeugt, schwebt mir schon seit Langem vor. Was Sie nun in Ihren Händen halten, ist genau das, was ich mir wünschte: ein besonderes Kochbuch für den alltäglichen glutenfreien Genuss. Es beinhaltet keine simplen Rezeptvorschläge mit Produkten, die von Natur aus glutenfrei sind. Das wäre zu einfach. Es sind Rezepte von A wie Apfelstrudel bis Z wie Zwetschgendatschi, Südtiroler Spezialitäten wie Tirtlan, aber auch italienische Ravioli und viele weitere Rezepte auf Teigbasis. Es sind Gerichte, die garantiert gelingen und schmecken. In diesem Kochbuch will ich meinen ganzen Erfahrungsschatz offenlegen und eine klare Botschaft an meine Leidensgenossinnen und -genossen vermitteln: Wir haben alle das Recht, Genießer zu sein! Ich mache keinen Hehl daraus, dass ich selbst als Köchin häufig gescheitert bin, denn meine zahlreichen Versuche, die angenehme Konsistenz, den gewohnten Geschmack und die Haltbarkeit glutenhaltiger Produkte nachzuahmen, waren trotz fundierter Kenntnisse lange nicht erfolgreich. Doch bekanntlich wächst man an seinen Aufgaben und der anfänglichen Unsicherheit sind mit der Zeit Erfahrung und Routine gewichen. Mit Neugier und Experimentierfreudigkeit arbeite ich immer weiter an neuen Kreationen, die sich im Anschluss ohne Bauchgrimmen genießen lassen.

Sind Sie bereit, ... an Lebensqualität zu gewinnen, ... sich auf neue Herstellungsmethoden einzulassen, ... meine glutenfreien Rezepte für Südtiroler Köstlichkeiten selbst auszuprobieren? Verzicht und zaghafter Genuss werden von nun an kein Thema mehr sein, denn alle Rezepte stehen für Verträglichkeit und Geschmack. Sie sind über Jahre und teils Jahrzehnte erprobt, entwickelt und ständig weiterverbessert worden. Dieses Kochbuch soll Ihnen ein zuverlässiger Begleiter im Alltag sein. Der Fokus liegt auf der Praxis, der Machbarkeit, ohne die Notwendigkeit spezieller Küchenmaschinen oder Küchenequipments. Alle Zutaten, die Sie für die Zubereitung der Speisen benötigen, erhalten Sie im Supermarkt oder im Reformhaus. Erweitern Sie Ihren kulinarischen Horizont und erfahren Sie, wie Sie mit Buchweizen, Amarant, Kartoffeln etc. einfach glutenfreie Rezepte kreieren oder welche Bindemittel Sie einsetzen müssen, um den Kochprozess zu erleichtern. Letztendlich macht Übung den Meister, auch in Ihrem Fall! Viel Spaß beim Nachkochen und gutes Genießen wünscht

Ihre Ruth Innerhofer

MEHL-
MISCHUNGEN

Dunkle Mehlmischung

für 1 kg

- 200 g Buchweizenmehl
- 200 g Hirsemehl
- 200 g Teffmehl
- 250 g Maisstärke
- 150 g Tapiokastärke
- 6 EL Traubenkernmehl
- 2 TL Johannisbrotmehl
- 2 TL gemahlene Flohsamenschalen oder Xanthan

In einer Schüssel die verschiedenen Mehlsorten vermischen. Die Mehlmischung kann in einer verschließbaren Dose aufbewahrt werden.

BEMERKUNG:

Buchweizen-, Hirse- und Teffmehl können auch gegen Mais-, Kastanien- und Reismehl ausgetauscht werden.

TIPP:

Um ein helleres Brot oder Brötchen zu erhalten, können Sie zur Hälfte dunkle und zur Hälfte helle Mehlmischung verwenden.

Helle Mehlmischung

für 1 kg

- 600 g Reismehl
- 250 g Kartoffelmehl
- 150 g Tapiokastärke
- 2 TL Johannisbrotmehl
- 2 TL gemahlene Flohsamenschalen oder Xanthan

In einer Schüssel die verschiedenen Mehlsorten vermischen. Die Mehlmischung kann in einer verschließbaren Dose aufbewahrt werden.

BEMERKUNG:

Diese Mehlmischung eignet sich für Feingebäck, Biskuitteig, Mürbteig usw. Das Reismehl kann durch Mais- oder Hirsemehl ersetzt werden.

Ich mische meine Mehlmischungen immer selber, aber natürlich kann man auch fertige Produkte im Handel kaufen.

Wenn Sie gekaufte Mehlmischungen benutzen, können Sie das Xanthan weglassen, zu viel wirkt sich negativ auf die Teigkonsistenz aus. Lesen Sie zur Sicherheit die Zutatenliste.

BROT-
SORTEN

Schnelles Brot

für 1 Stück

Für den Teig:

- 2 Pkg. Trockenhefe
- 1 TL Zucker
- 500 ml lauwarmes Wasser
- 200 g Reismehl
- 150 g Maismehl
- 150 g Buchweizenmehl
- 2 TL Guarkernmehl
- 1 TL gemahlene Flohsamenschalen oder Xanthan
- 1 TL Salz
- 1 TL Apfelessig
- 2 EL Sonnenblumenöl

Sonstiges:

- etwas Butter zum Einfetten der Backform
- 1 EL Sonnenblumenöl zum Einpinseln

Die Hefe mit dem Zucker und ein wenig von dem lauwarmen Wasser vermischen und einige Minuten stehen lassen, bis sich Blasen bilden. Die Mehle mit den restlichen Zutaten vermischen und mit der Hefe und dem restlichen Wasser verkneten. Das geht am besten mit einer Küchenmaschine. Der Teig sollte die Konsistenz eines zähen Rührteiges haben.

Den Teig in eine gefettete Kastenform füllen und mit feuchten Händen oder einem nassen Teigschaber glattstreichen. Den Teig mit einem feuchten Tuch bedecken und mit einer Schale Wasser in den Backofen geben. Bei 45 °C mindestens 30–40 Minuten gehen lassen.

Danach das Brot bei einer Anfangstemperatur von 220 °C ca. 50–60 Minuten backen. Nach 10 Minuten die Temperatur auf 200 °C reduzieren. 10 Minuten vor Ende der Backzeit das Brot mit dem Öl einpinseln.

Das Brot auf einem Gitterrost auskühlen lassen.

BEMERKUNG:

Sie können diese Mischung ganz individuell zubereiten und statt der oben genannten Mehle z. B. auch Kartoffelstärke, Teffmehl, Amarantmehl, Kastanienmehl, Quinoamehl, Hirsemehl oder Tapiokamehl verwenden. Die Menge muss insgesamt 500 g ergeben, außerdem sollte ein Bindemittel wie Guarkern- oder Johannisbrotmehl zugesetzt werden. Der Apfelessig fördert das Aufgehen des Teiges. Statt des Wassers können Sie auch Buttermilch oder Naturjoghurt verwenden.

TIPP:

Mit einer Handvoll Nüsse, Sonnenblumenkerne oder Leinsamen variieren Sie das Brot ganz nach Ihrem Geschmack.

Helle Brötchen

für ca. 15–20 Stück

- 500 g helle Mehlmischung (siehe Seite 22) (oder Schär Mix B)
- 1 Pkg. Trockenhefe
- 1 TL Salz
- 1 EL Oliven- oder Sonnenblumenöl
- 1 TL Honig
- 1 gekochte und passierte Kartoffel
- 500 ml Wasser

Alle Zutaten mit Ausnahme des Wassers gut mit den Knethaken des Rührgeräts vermengen, dann das Wasser hinzufügen und ca. 5 Minuten weiterrühren. Den Teig an einem warmen Ort 1 Stunde zugedeckt gehen lassen.

Da man den Teig aufgrund seiner klebrigen Konsistenz nicht mit den Händen anfassen kann, die Masse mit einem Eisportionierer oder -löffel portionieren und die Häufchen auf ein mit Backpapier ausgelegtes Backblech geben.

Im vorgeheizten Backofen 25 Minuten bei 200 °C backen.

BEMERKUNG:

Mit diesem Teig können Sie auch gut Baguettes oder Wecken backen.

TIPP:

Statt des Wassers können Sie auch Milch verwenden, dadurch werden die Brötchen weniger kross. Die Kartoffel können Sie auch durch 2 EL Topfen ersetzen.

Dunkle Gewürzbrötchen

für ca. 15–20 Stück

- 500 g dunkle Mehlmischung (siehe Seite 22) (oder 250 g Schär Mix B und 250 g Schär Mix It Rustico)
- 1 Pkg. Trockenhefe
- 1 TL Salz
- 1 EL Olivenöl
- 1 EL Anis-, Kümmel-, Fenchelsamen etc. (je nach Belieben)
- 1 EL Zigeunerkraut (Brotklee)
- 2 gekochte und passierte Kartoffeln
- 1 TL Honig
- 600 ml Wasser

Alle Zutaten mit Ausnahme des Wassers mit den Knethaken des Rührgeräts gut vermischen und dann langsam das Wasser hinzufügen. Den Teig ca. 10 Minuten rühren und anschließend an einem warmen Ort 1 Stunde zugedeckt gehen lassen.

Den Ofen auf 200 °C vorheizen und den Teig mit einem Eisportionierer oder -löffel auf ein mit Backpapier ausgelegtes Backblech setzen. Ca. 25–30 Minuten backen.

BEMERKUNG:

Sie können das Brot ganz nach Ihrem Geschmack würzen. Alternativ können Sie auch verschiedene Körner wie Sonnenblumenkerne, Leinsamen und Kürbiskerne verwenden.

TIPP:

Die Brötchen lassen sich gut einfrieren – um sie aufzutauen, wärmen Sie sie einfach auf dem Toaster.

Vollkornbrot

für 2 Stück

- 3 EL Vollkornreis
- 3 EL Buchweizenschrot
- 3 EL Hirse
- 200 g helle Mehlmischung (siehe Seite 22) (oder Universalmehl glutenfrei der Meraner Mühle)
- 400 g dunkle Mehlmischung (siehe Seite 22) (oder Mischung Pizza-Brot-Focaccia rustikal glutenfrei der Meraner Mühle)
- 42 g Frischhefe
- 1 EL Salz
- 1 EL Chiasamen
- je 2 EL Kürbiskerne, Sonnenblumenkerne, Leinsamen
- 1 EL Kümmelsamen
- 3 EL Olivenöl
- 2 gekochte und passierte Kartoffeln
- 700 g Wasser

Den Vollkornreis und den Buchweizenschrot am Vorabend einweichen.

Am nächsten Tag den Vollkornreis ca. 10 Minuten, den Buchweizenschrot und die Hirse ca. 7 Minuten vorkochen. Nach dem Vorkochen abseihen und zu den Mehlen geben. Die Hefe, das Salz, die Samen, das Öl und die Kartoffeln dazugeben und gut vermengen. Zum Schluss das Wasser dazugeben, den Teig ca. 10 Minuten rühren und 1 Stunde zugedeckt an einem warmen Ort ruhen lassen.

Anschließend zwei Brote formen und wiederum ca. 30 Minuten zugedeckt ruhen lassen.

In den vorgeheizten Backofen schieben und 20 Minuten bei 200 °C backen. Dann die Temperatur auf 180 °C senken und in weiteren 25 Minuten fertig backen.

BEMERKUNG:

Diesen Teig verwende ich für Breatln (typische flache Südtiroler Brotlaibe).

TIPP:

Das Vollkornbrot hält im Kühlschrank mindestens 1 Woche.

Grissini

für 300 g

- 250 g helle oder dunkle Mehlmischung (siehe Seite 22) (oder Mischung Pizza-Brot-Focaccia rustikal glutenfrei der Meraner Mühle)
- ½ Pkg. Trockenhefe
- ½ TL Salz
- 2 EL Olivenöl
- 350 ml Wasser

Alle Zutaten mit den Knethaken des Rührgeräts gut verkneten und den Teig an einem warmen Ort zugedeckt 30 Minuten gehen lassen.

Den Teig in einen Spritzsack füllen, zwei Backbleche mit Backpapier belegen und Stangen aufspritzen.

Den Ofen auf 180 °C vorheizen und die Stangen ca. 25 Minuten backen.

BEMERKUNG:

Wenn Sie möchten, können Sie die Stangen vor dem Backen auch mit Sesamsamen, Kümmelsamen oder Käse bestreuen.

TIPP:

Trocken gelagert sind die Grissini mindestens 3 Wochen haltbar.

Schüttelbrot

für 350–400 g

- 250 g helle oder dunkle Mehlmischung (siehe Seite 22) (oder Mischung Pizza-Stirata-Focaccia glutenfrei der Meraner Mühle)
- ½ Pkg. Trockenhefe
- ½ TL Salz
- 2 EL Olivenöl
- 350 ml Wasser

Alle Zutaten mit den Knethaken des Rührgeräts gut verkneten und den Teig mindestens 30 Minuten zugedeckt an einem warmen Ort gehen lassen.

Dann die Masse dünn auf drei mit Backpapier ausgelegte Backbleche streichen, kleine Quadrate einschneiden (das erleichtert später das Brechen) und eventuell würzen (z. B. mit Sesam-, Anis- oder Kümmelsamen).

Im vorgeheizten Ofen ca. 20–30 Minuten bei 180 °C backen, bis die Brotblätter knackig sind.

BEMERKUNG:

Am besten funktioniert das Aufstreichen mit einer Teigkarte.

TIPP:

Trocken gelagert hält sich das Schüttelbrot ca. 1 Monat.

SALZIGER HEFETEIG

Focaccia Seite 46

Salziger Hefeteig

(Grundmasse)

für ca. 600 g

- 500 g helle Mehlmischung (siehe Seite 22) (oder 400 g BiAglut und 100 g 4-Korn Backmischung von Werz)
- 1 Pkg. Trockenhefe
- 1 TL Salz
- 2 EL Olivenöl
- 350 ml lauwarmes Wasser oder Milch
- 3 gekochte und passierte Kartoffeln

Alle Zutaten mit den Knethaken des Rührgeräts zu einem geschmeidigen Teig verarbeiten. 2 Stunden zugedeckt an einem warmen Ort gehen lassen.

BEMERKUNG:

Diesen Teig können Sie für die Zubereitung gefüllter Pizzen wie Filoncino oder Calzone verwenden.

Pizza

für 6 Stück

Für den Teig:

- 500 g helle Mehlmischung (siehe Seite 22) (oder 450 g BiAglut und 50 g 4-Korn Backmischung von Werz)
- 1 Pkg. Trockenhefe
- 1 TL Salz
- 2 EL Olivenöl
- 350 ml lauwarmes Wasser

Für den Belag:

- 250 g Tomatensoße
- 300 g klein geschnittene Mozzarella
- 1 EL getrockneter Origano

Alle Zutaten für den Teig mit den Knethaken des Rührgeräts zu einer geschmeidigen Masse verarbeiten. 2 Stunden an einem warmen Ort gehen lassen.

Den Teig in 6 Stücke teilen und auf ein mit Backpapier ausgelegtes Backblech geben. Da die Konsistenz recht flüssig ist, den Teig mit einem Löffel zu einer Pizza verstreichen, wobei der Rand immer etwas höher sein sollte. (1)

Die Pizzen mit Tomatensoße bestreichen und mit Mozzarella und Origano bestreuen. (2, 3)

Im vorgeheizten Backofen 15 Minuten bei 200 °C backen.

BEMERKUNG:

Je weniger Tomatensoße und damit Flüssigkeit auf der Pizza ist, umso knackiger wird der Teig.

TIPP:

Um die Pizza einzufrieren, backen Sie sie 10 Minuten bei 200 °C vor und lassen sie dann gut auskühlen. In Backpapier eingewickelt können Sie sie nun einfrieren.

1

2

3

Focaccia

für 1 Blech

Für den Teig:

- 250 g helle Mehlmischung (siehe Seite 22) (oder BiAglut)
- 2 gekochte und passierte Kartoffeln
- 1 Pkg. Trockenhefe
- 1 TL Salz
- ½ TL Zucker
- 350 ml lauwarmes Wasser
- 2 EL Olivenöl
- 1 EL grob gehackter Rosmarin

Für den Belag:

- 3 EL Olivenöl
- 1 EL grob gehackter Rosmarin

Alle Zutaten mit den Knethaken des Rührgeräts zu einem Teig verarbeiten. 2 Stunden zugedeckt an einem warmen Ort gehen lassen.

Eine feuerfeste Auflaufform mit Backpapier auslegen und den Teig 2 cm dick einstreichen. Mit einem Löffel oder den Fingern Einbuchtungen in den Teig stechen, dann das Olivenöl und den Rosmarin darauf verteilen.

Im vorgeheizten Backofen 35 Minuten bei 180 °C backen.

BEMERKUNG:

Je nach Geschmack können Sie die Focaccia mit Origano, Tomaten, Knoblauch oder auch Parmesan bestreuen.

TIPP:

Die Focaccia schmeckt sehr gut frisch, eignet sich aber auch gut zum Einfrieren. Rösten Sie sie vor dem Servieren in einer Pfanne auf beiden Seiten in etwas Olivenöl an, so wird sie besonders würzig und knusprig.

SÜSSER HEFETEIG

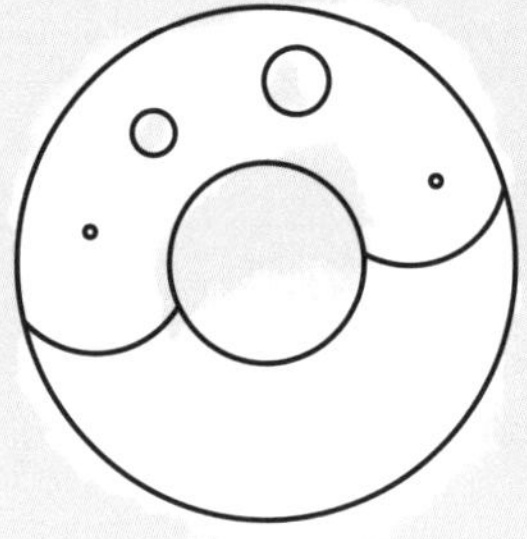

Mohnstrudel Seite 58

Süßer Hefeteig

(Grundmasse)

für ca. 400 g

- 300 g helle Mehlmischung (siehe Seite 22) (oder BiAglut)
- 170 ml Milch
- 2 EL Topfen
- 60 g zerlassene Butter oder Margarine
- 50 g Zucker
- 2 Eigelb
- 1 Msp. Salz
- 8 g Vanillezucker
- 1 EL Rum
- 1 Zitrone (Abrieb)
- 1 Pkg. Trockenhefe

Alle Zutaten mit den Knethaken des Rührgeräts zu einem geschmeidigen Teig verkneten. 1 Stunde zugedeckt an einem warmen Ort gehen lassen.

BEMERKUNG:

Diesen Teig können Sie nach Geschmack füllen und daraus Marmelade- und Schokohörnchen, Nuss- und Mohnstrudel, Marillen- und Zwetschgendatschi sowie vieles mehr zaubern. Er eignet sich auch für die Zubereitung kleiner Hefekrapfen, die dann in heißem Öl gebacken und in einem Zucker-Zimt-Gemisch serviert werden.

TIPP:

Hefeteig ist am besten, wenn Sie ihn frisch verarbeiten und backen. In gebackener Form können Sie ihn auch einfrieren.

Maislan

für ca. 20 Stück

Für den Teig:

- 500 g helle Mehlmischung (siehe Seite 22) (oder BiAglut)
- 100 g gekochte und passierte Kartoffeln
- 30 g Zucker
- 2 Eier
- 250 ml lauwarme Milch
- 2 EL Schnaps oder Rum
- 1 TL Salz
- 50 g zerlassene Butter oder Margarine
- 1 EL Anissamen
- 20 g Frischhefe

Sonstiges:

- Butterfett oder Sonnenblumenöl zum Backen

Alle Zutaten mit den Knethaken des Rührgeräts zu einem Teig verkneten und zugedeckt mindestens 1 Stunde an einem warmen Ort gehen lassen.

Mit einem Eisportionierer oder -löffel die Maislan portionieren und auf ein mit Backpapier ausgelegtes Backblech setzen. In der Mitte jeweils eine Einbuchtung machen. Die Rundlinge nochmals 10 Minuten gehen lassen.

In ca. 150 °C heißem Fett auf beiden Seiten goldbraun backen. Auf Küchenpapier legen und gut abtropfen lassen.

BEMERKUNG:

Sie können die Maislan sowohl süß – mit Preiselbeersahne – als auch salzig – etwa als Beilage zu einer Kartoffelsuppe – genießen.

TIPP:

Anstelle der Kartoffeln können Sie auch 2 EL Topfen hinzufügen.

Faschings-krapfen

für ca. 20 Stück

Für den Teig:

- 500 g helle Mehlmischung (siehe Seite 22) (oder BiAglut)
- 1 Prise Salz
- Zitronenabrieb (je nach Belieben)
- 3 EL Vollrohrzucker
- 8 g Vanillezucker
- 1 TL gemahlene Flohsamenschalen oder Xanthan
- 1 Pkg. Trockenhefe
- 3 Eigelb
- 70 g Butter
- 340 ml lauwarme Milch

Sonstiges:

- etwas Marmelade zum Füllen
- 1 Eiweiß zum Bestreichen der Ränder
- Butterfett oder Sonnenblumenöl zum Backen
- etwas Staubzucker zum Bestreuen

Das Mehl mit dem Salz, dem Zitronenabrieb, dem Vollrohr- und dem Vanillezucker sowie den gemahlenen Flohsamenschalen und der Hefe mischen. Die Eigelb und die Butter mit der Milch verquirlen und zum Mehl geben. Einen geschmeidigen Hefeteig daraus kneten. Wenn nötig, noch etwas Mehl zugeben (der Teig darf nicht zu trocken sein).

Den Hefeteig auf einem bemehlten Backbrett mit den Händen flach drücken (nicht rollen!) und Kreise ausstechen. Jeweils einen Klecks Marmelade in die Mitte des Kreises geben. Den Rand mit Eiweiß bestreichen und einen Kreis drauflegen. Den Rand unbedingt mit einer Gabel festdrücken.

Die Krapfen bei Zimmertemperatur ca. 1 Stunde zugedeckt gehen lassen.

In einem Topf das Fett oder Öl erhitzen und die Krapfen darin goldbraun backen. Mit Staubzucker bestreuen.

BEMERKUNG:

Butter und Milch können Sie auch durch laktosefreie Margarine bzw. Sahne ersetzen. Aus diesem Teig können auch Dampfnudeln oder Germknödel hergestellt werden.

Mohnstrudel

für 1 Stück

Für den Teig:

- 250 g helle Mehlmischung (siehe Seite 22) (oder BiAglut)
- 150 ml Milch
- 50 g zerlassene Butter oder Margarine
- 1 EL Topfen
- 50 g Zucker
- 2 Eigelb
- 1 Pkg. Trockenhefe
- 1 Msp. Salz
- 8 g Vanillezucker
- 1 EL Rum
- 1 Zitrone (Abrieb)

Für die Füllung:

- 250 ml kalte Milch
- 2 EL Zucker
- 1 TL Maisstärke
- 150 g gemahlener Mohn
- 8 g Vanillezucker
- 1 TL Zimtpulver

Für den Teig alle Zutaten mit den Knethaken eines Rührgeräts langsam vermengen und zugedeckt 1 Stunde an einem warmen Ort gehen lassen.

Für die Mohnfüllung alle Zutaten gut in der kalten Milch verrühren. Langsam unter Rühren erhitzen und ca. 10 Minuten unter ständigem Rühren köcheln lassen. Dann die Masse auf einen Teller stürzen und gut abkühlen lassen.

Den Teig zu einem dünnen Streifen ausrollen, mit der erkalteten Mohnfüllung bestreichen und zu einem Strudel einrollen.

Bei 150 °C 40 Minuten backen, ohne den Backofen vorzuheizen.

BEMERKUNG:

Dieser Strudel schmeckt auch gut mit einer Nussfüllung.

TIPP:

Für Mohnschnecken schneiden Sie den Strudel in Scheiben, legen diese auf ein Backblech und backen sie im vorgeheizten Backofen 20 Minuten bei 150 °C.

Gugelhupf

für 1 Gugelhupf

Für den Teig:

- 500 g helle Mehlmischung (siehe Seite 22) (oder BiAglut)
- 1 Pkg. Trockenhefe
- 350 ml warme Milch
- 80 g zerlassene Butter oder Margarine
- 80 g Zucker
- 1 EL Topfen
- 2 Eigelb
- 1 Prise Salz
- 8 g Vanillezucker
- 2 EL Rum
- ½ Zitrone (Abrieb)

Sonstiges:

- etwas Butter zum Einfetten der Backform
- etwas Staubzucker zum Bestreuen

Die Zutaten mit der Hand oder mit den Knethaken eines Rührgeräts zu einem geschmeidigen Teig verkneten und diesen zugedeckt an einem warmen Ort 1 Stunde gehen lassen.

Den Teig in eine gut gebutterte Gugelhupfform geben und im vorgeheizten Backofen ca. 45 Minuten bei 150 °C backen.

BEMERKUNG:

Der Hefeteig kann auch als Basis für Marillen- bzw. Zwetschgendatschi verwendet werden.

TIPP:

Sie können nach Belieben auch eine gekochte und passierte Kartoffel in den Teig geben, dann wird er etwas saftiger.

Panettone-Gugelhupf

Für 1 Panettone

Für den Teig:

- 250 g helle Mehlmischung (siehe Seite 22) (oder BiAglut)
- 70 g sehr weiche Butter
- 60 g Staubzucker
- 1 Pkg. Trockenhefe
- 170 ml lauwarme Milch
- 2 Eigelb
- 1 Msp. Salz
- 1 EL Rum
- 1 TL Zitronenabrieb
- 3 EL Vanillezucker
- 125 g Trockenfrüchte (Zitronat, Orangeat oder Rosinen)

Sonstiges:

- etwas Butter zum Einfetten der Backform
- 20 g Butter zum Bestreichen
- etwas Staubzucker zum Bestreuen

Die Zutaten mit den Knethaken eines Rührgeräts zu einem geschmeidigen Teig verkneten und diesen zugedeckt an einem warmen Ort mindestens 1½ Stunden gehen lassen. Dann in eine ausgebutterte Gugelhupf-Form geben (22 cm Durchmesser) und nochmals 30 Minuten gehen lassen. Den Panettone-Gugelhupf in den kalten Backofen schieben, auf 160 °C (Ober-/Unterhitze) erhitzen und 35–40 Minuten backen.

Aus dem Backofen nehmen, gleich aus der Form stürzen und den Panettone-Gugelhupf mit der zerlassenen Butter bestreichen, damit er schön weich bleibt.

MÜRB-
TEIG

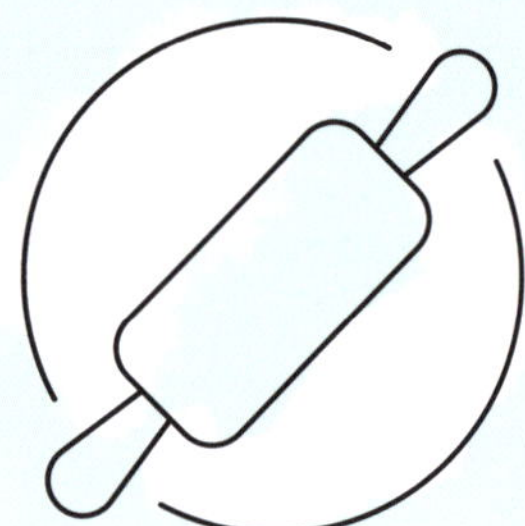

Mürbteig

(Grundmasse)

für ca. 2 Strudel

- 500 g helle Mehlmischung (siehe Seite 22) (oder Universalmehl glutenfrei der Meraner Mühle)
- 300 g Butter oder Margarine
- 200 g Zucker
- 3 Eier
- 1 gekochte und passierte Kartoffeln
- 1 Pkg. Weinsteinbackpulver
- 1 Zitrone (Abrieb)
- 8 g Vanillezucker
- etwas Rum

Alle Zutaten auf Raumtemperatur bringen und rasch zu einem Teig verkneten. Den Teig ca. 30 Minuten kühl stellen, dann weiterverwenden.

BEMERKUNG:

Anstelle der Kartoffel können Sie auch 2 EL Topfen hinzufügen.

TIPP:

Dieser Teig eignet sich für Strudel, Crostata (Mürbteigkuchen mit Marmelade), einfache Butterkekse und vieles mehr.

Apfelstrudel

für 1 Strudel

Für den Teig:

- 250 g helle Mehlmischung (siehe Seite 22) (oder Schär Mix C)
- 150 g Butter
- 100 g Zucker
- 1 Ei
- 1 Zitrone (Abrieb)
- ½ TL Vanillezucker

Für die Füllung:

- 6 Äpfel (Sorte Golden Delicious)
- ½ TL Zimtpulver
- 1 EL Pinienkerne
- 1 TL Zucker
- 1 TL Rum

Sonstiges:

- 1 verquirltes Ei zum Bestreichen

Die Zutaten rasch zu einem Teig verkneten. In Klarsichtfolie gewickelt 1 Stunde im Kühlschrank ruhen lassen.

In der Zwischenzeit die Äpfel schälen, klein schneiden und sorgfältig mit Zimt, Pinienkernen, Zucker und Rum vermischen.

Den Mürbteig auf einem Backpapier ausrollen und die Apfelmischung darauf verteilen. Den Teig über der Füllung zusammenklappen und mit Ei bestreichen.

Im vorgeheizten Backofen 45 Minuten bei 160 °C goldgelb backen.

BEMERKUNG:

Um den Strudel mal anders zuzubereiten, können Sie noch 2 EL Heidelbeermarmelade zur Füllung geben - so zaubern Sie einen wunderbaren Apfel-Heidelbeer-Strudel.

TIPP:

Strudel lässt sich auch gut einfrieren.

Preiselbeer-schnitte

für 1 Blech

Für den Teig:

- 250 g helle Mehlmischung (siehe Seite 22) (oder Schär Mix C)
- 150 g Butter
- 100 g Zucker
- 1 Ei
- Rum, Vanillezucker und Zitronenabrieb (je nach Geschmack)
- 1 EL Topfen

Sonstiges:

- 250 g Preiselbeermarmelade zum Bestreichen

Die Zutaten rasch zu einem Teig verarbeiten. In Klarsichtfolie gewickelt 1 Stunde im Kühlschrank ruhen lassen.

Den Mürbteig zu einem Rechteck ausrollen, dabei etwa ein Drittel des Teiges für die Verzierung zur Seite legen. Den restlichen Teig auf ein mit Backpapier ausgelegtes Backblech geben und mit Preiselbeermarmelade bestreichen. Aus dem zur Seite gelegten Teig nudelförmige Stränge formen und gitterartig auf die Marmelade legen.

Im vorgeheizten Backofen 35 Minuten bei 160 °C golden backen.

BEMERKUNG:

Wer zitronigen Geschmack liebt, kann die Marmelade auch mit dem Abrieb einer Zitrone vermengen. Anstelle der Preiselbeermarmelade können Sie auch Marillen- oder Heidelbeermarmelade nehmen. Den Topfen können Sie durch 1 gekochte und pürierte Kartoffel ersetzen.

TIPP:

Am besten schmeckt die Preiselbeerschnitte am nächsten Tag.

Gedeckter Apfelkuchen

für 1 Kuchen

Für den Teig:

- 400 g helle Mehlmischung (siehe Seite 22) (oder Mischung Pizza-Stirata-Focaccia glutenfrei der Meraner Mühle)
- 250 g Butter
- 120 g Staubzucker
- 1 Eigelb
- 1 gekochte und passierte Kartoffel
- 2 EL Crème fraîche

Für die Füllung:

- 7 Äpfel (z. B. Sorte Golden Delicious)
- 8 g Vanillezucker
- ½ TL Zimtpulver
- 1 EL Zucker

Sonstiges:

- etwas Butter zum Einfetten der Backform

Alle Zutaten für den Teig gut verkneten (1) und 1 Stunde in Klarsichtfolie gewickelt im Kühlschrank ruhen lassen.

Die Äpfel schälen, reiben und in einem Sieb abtropfen lassen – sie sollten sehr trocken sein. Anschließend mit dem Vanillezucker, dem Zimt und dem Zucker vermischen. (2)

Eine runde Kuchenform gut ausbuttern, mit dem ausgerollten Teig auskleiden (3) und den überstehenden Teig abschneiden. Die Apfelfüllung auf den Teig geben und sorgfältig verteilen. Den restlichen Teig wiederum gut verkneten, ausrollen (4) und damit die Apfelfüllung bedecken. Mit einer Gabel Rillen in die Oberfläche des Teiges ziehen (5) und den Kuchen mit einer Alufolie bedecken.

Im vorgeheizten Backofen bei 150 °C 20 Minuten backen (6). Dann die Folie abnehmen und den Kuchen in weiteren 30 Minuten fertig backen.

BEMERKUNG:

Besonders köstlich ist der Kuchen am Tag danach.

1

2

3

4
5
6

Linzertorte

für 1 Torte

Für den Teig:

- 250 g Butter
- 200 g Zucker
- 3 Eier
- 1 Pkg. Weinsteinbackpulver
- 150 g geriebene Mandeln
- 200 g Teffmehl (oder Mischung Pizza-Brot-Focaccia rustikal glutenfrei der Meraner Mühle)
- 100 g helle Mehlmischung (siehe Seite 22)
- 1 Zitrone (Abrieb)
- 1 Msp. Zimtpulver
- 1 Msp. Nelkenpulver
- etwas Salz
- 1 gekochte und passierte Kartoffel

Sonstiges:

- etwas Butter zum Einfetten der Backform
- 300 g Preiselbeermarmelade zum Bestreichen

Alle Zutaten für den Teig miteinander verkneten. Danach zwei Drittel des Teiges gleichmäßig in einer gebutterten Tortenform verteilen. Die Form ca. 1 Stunde in den Kühlschrank stellen.

Den Teig mit der Preiselbeermarmelade bestreichen. Den restlichen Teig in einen Spritzsack füllen und ein Gitter aufspritzen.

Die Torte im vorgeheizten Backofen ca. 45 Minuten bei 160 °C backen.

BEMERKUNG:

Je nach Saison können Sie für den Belag auch andere Früchte wie Birnen oder Kirschen verwenden.

TIPP:

Diese Torte schmeckt noch besser, wenn sie schon 2–3 Tage alt ist.

Statt des Zimt- und Nelkenpulvers können Sie auch ½ TL Lebkuchengewürz nehmen.

Husarenkrapfen

für ca. 30 Stück

Für den Teig:

- 125 g Butter
- 100 g Zucker
- 2 Eier
- 125 g helle Mehlmischung (siehe Seite 22) (oder Spar free from Backmischung Universal oder Schär Mix C)
- 80 g geriebene Mandeln
- 1 Msp. Zitronenabrieb
- 1 TL Backpulver
- 1 TL Lebkuchengewürz

Sonstiges:

- etwas Preiselbeermarmelade zum Füllen

Alle Zutaten rasch zu einem Teig verkneten, in den Spritzsack einfüllen und runde Häufchen auf das Backpapier spritzen, kalt stellen, bis die Masse richtig fest ist. Dann mit einem Teelöffel die Preiselbeermarmelade auf jedes Häufchen draufgeben. Bei 160 °C (Ober-/Unterhitze) im Backofen ca. 15–20 Minuten backen.

BEMERKUNG:

Anstatt der Preiselbeermarmelade geht auch eine andere Marmelade Ihres Geschmacks.

Im Kühlschrank halten die Kekse gut 1 Monat.

RÜHR-TEIG

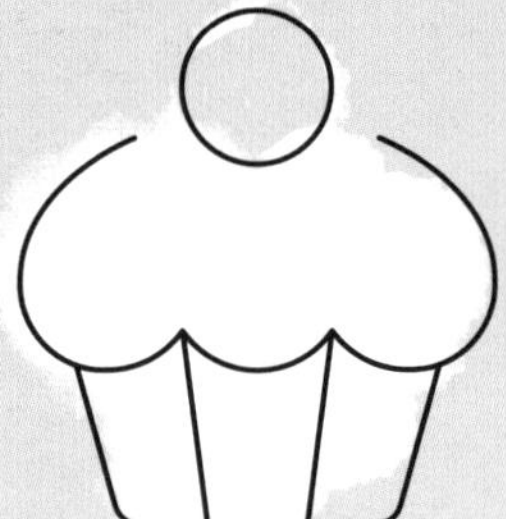

Rührteig

(Grundmasse)

für 1 Kuchen

Für den Teig:

- 200 g Butter
- 180 g Zucker
- 8 g Vanillezucker
- 1 Zitrone (Abrieb)
- 6 Eier
- 220 g helle Mehlmischung (siehe Seite 22) (oder Universalmehl glutenfrei der Meraner Mühle)
- 1 TL Weinsteinbackpulver

Sonstiges:

- etwas Butter zum Einfetten der Backform
- Obst der Saison

Die Butter, den Zucker, den Vanillezucker und den Zitronenabrieb schaumig rühren, dann nacheinander einzeln die Eier zugeben und gut verrühren. Das Mehl und das Backpulver vermischen und unter das Butter-Ei-Gemisch rühren.

Den Teig in eine gefettete Backform geben und im vorgeheizten Backofen 35–45 Minuten bei 165 °C backen.

BEMERKUNG:

Der Teig wird als Basis für Marmor-, Obstkuchen (siehe Foto) und Blechkuchen verwendet.

TIPP:

Alle Zutaten müssen bei ihrer Verwendung Zimmertemperatur haben, damit der Teig nicht zusammenfällt.

Marmorkuchen

für 1 Kuchen

- 200 g Butter
- 6 Eier
- 200 g Zucker
- 8 g Vanillezucker
- 1 Zitrone (Abrieb)
- 220 g helle Mehlmischung (siehe Seite 22) (oder Universalmehl glutenfrei der Meraner Mühle)
- 1 Pkg. Weinsteinbackpulver
- 50 g geschmolzene Bitterschokolade

Die Butter, die Eier, den Zucker, den Vanillezucker und den Zitronenabrieb schaumig rühren. Das Mehl und das Backpulver vermischen und unter das Butter-Ei-Gemisch rühren. Ein Drittel des Teiges mit der geschmolzenen Schokolade vermischen.

Den hellen Teig in eine Backform geben und den dunklen Teig kurz mit der Teigkarte einarbeiten, ohne dass er sich zu sehr mit dem hellen vermengt.

Den Kuchen im vorgeheizten Backofen 35–45 Minuten bei 165 °C backen.

BEMERKUNG:

Der Teig wird saftiger, wenn Sie eine gekochte und passierte Kartoffel oder 1 EL Naturjoghurt dazugeben.

TIPP:

Sie können die Schokolade auch durch 1 EL Kakaopulver ersetzen.

Muffins

für ca. 8 Stück

- 150 g Butter oder Naturjoghurt
- 100 g Zucker
- 4 Eier
- 1 Zitrone (Abrieb)
- 8 g Vanillezucker
- 150 g helle Mehlmischung (siehe Seite 22) (oder Universalmehl glutenfrei der Meraner Mühle)
- ½ TL Weinsteinbackpulver

Die Butter und den Zucker schaumig rühren und nach und nach die Eier dazugeben, bis der Teig richtig schaumig ist. Den Zitronenabrieb und den Vanillezucker dazugeben, dann vorsichtig das Mehl und das Backpulver unterheben.

Ein Muffinblech einfetten oder mit Papierförmchen auslegen und den Teig einfüllen. Die Muffins im vorgeheizten Backofen 20–25 Minuten bei 170 °C backen.

BEMERKUNG:

Anstelle des Mehls können Sie 100 g geriebene Nüsse und 50 g geschmolzene Bitterschokolade unterheben.

TIPP:

Noch besser schmecken diese Muffins mit einer Glasur aus Zitrone oder Schokolade.

NUDEL-
TEIG

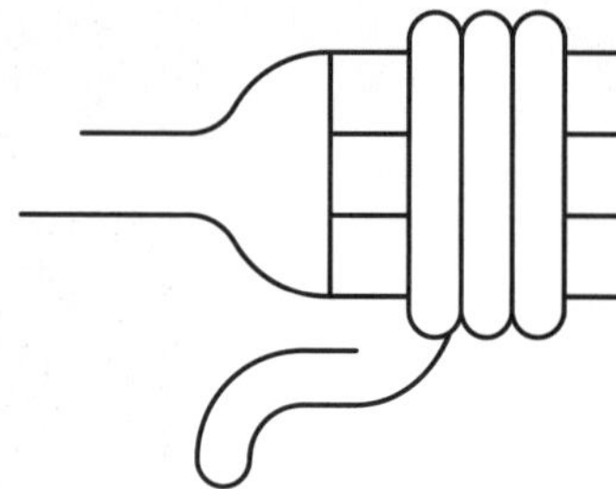

Einfacher Nudelteig

für 4–6 Personen

- 250 g helle Mehlmischung (siehe Seite 22) (oder Mischung Nudelteig glutenfrei von Meraner Mühle)
- 2 Eier
- 100 ml Wasser
- 1 EL Olivenöl
- 1 Prise Salz
- 1 kleine gekochte und passierte Kartoffel

Alle Zutaten zu einem Teig verkneten, in eine Klarsichtfolie wickeln und vor der Verwendung mindestens 1 Stunde im Kühlschrank ruhen lassen.

BEMERKUNG:

Der Teig kann auch ohne Kartoffel gemacht werden – dann muss er aber gleich weiterverarbeitet und gekocht werden, weil er schnell austrocknet.

Bunter Nudelteig

für 4–6 Personen

- 250 g helle Mehlmischung (siehe Seite 22) (oder Mischung Nudelteig glutenfrei von Meraner Mühle)
- 1 Ei
- 50 ml passierter Spinat oder Rote-Bete-Püree
- 1 EL Olivenöl
- 1 Prise Salz
- 1 kleine gekochte und passierte Kartoffel

Alle Zutaten zu einem Teig verkneten, in eine Klarsichtfolie wickeln und vor der Verwendung mindestens 1 Stunde im Kühlschrank ruhen lassen. Der Spinat bzw. die Rote Bete gibt dem Teig seine intensive grüne bzw. rote Farbe.

BEMERKUNG:

Man kann den Teig auch ohne Kartoffel zubereiten. Da er schnell austrocknet, muss er aber gleich weiterverarbeitet und gekocht werden.

Tagliatelle

für 4–6 Personen

- 250 g helle Mehlmischung (siehe Seite 22) (oder Mischung Nudelteig glutenfrei von Meraner Mühle)
- 1 Ei
- 1 Prise Salz
- 100 ml Wasser
- 1 kleine gekochte und passierte Kartoffel
- 1 EL Olivenöl

Alle Zutaten rasch zu einem Teig verkneten, in Klarsichtfolie wickeln und ca. 1 Stunde im Kühlschrank ruhen lassen.

Sollte keine Nudelmaschine vorhanden sein, den Teig teilen, dünn ausrollen und gut bemehlen. Dann zusammenrollen, per Hand in Streifen schneiden und wiederum gut bemehlen.

Die Nudeln gleich in kochendem Salzwasser aufkochen lassen und abseihen. Mit einer Soße nach Belieben servieren.

BEMERKUNG:

Wenn Sie die Nudeln auf Vorrat zubereiten, sollten Sie sie sofort einfrieren, damit sie nicht brechen.

TIPP:

Geben Sie immer einen Schuss Öl ins kochende Wasser, dann kleben die Nudeln nicht aneinander.

Die genauen Arbeitsschritte für die Zubereitung der Tagliatelle siehe Seite 94

Lasagne alla Bolognese

für 1 Auflaufform (20 x 28 cm)

Für den Teig:

- 250 g helle Mehlmischung (siehe Seite 22) (oder Mischung Nudelteig glutenfrei von Meraner Mühle)
- 2 Eier
- 1 EL Olivenöl
- 1 Msp. Salz
- 50 ml Wasser

Für das Ragout alla Bolognese:

- 50 g fein gehackte Zwiebel
- 2 EL Olivenöl
- 30 g fein gehackte Karotten
- 30 g fein gehackte Sellerieknolle
- 200 g faschiertes Rindfleisch
- 200 g faschiertes Schweinefleisch
- 1 TL Paprikapulver
- 1 EL Tomatenmark
- 250 g passierte Tomaten
- 250 g Fleischbrühe
- Rosmarin, Salz und Pfeffer

Für die Béchamelsoße:

- 500 ml Milch
- 40 g Butter
- 25 g Maisstärke
- etwas Salz

Sonstiges:

- 5 EL geriebener Parmesan

Alle Zutaten für den Teig rasch miteinander verkneten und diesen 30 Minuten in Klarsichtfolie gewickelt im Kühlschrank ruhen lassen.

In der Zwischenzeit das Ragout vorbereiten: Die Zwiebel im Öl anrösten, das restliche Gemüse dazugeben und mitrösten, Fleisch und Paprikapulver dazugeben, schön anrösten, das Tomatenmark hinzugeben, nochmals anrösten, mit passierten Tomaten und Brühe aufgießen, Gewürze nach Belieben dazugeben und ca. 1½ Stunden köcheln lassen.

Den Teig ca. 5 mm dünn ausrollen und zu Rechtecken schneiden. Die Blätter kurz in Salzwasser aufkochen lassen, herausnehmen und auf eine geölte Fläche legen.

Für die Béchamelsoße die Milch aufkochen. In einem Topf die Butter zerlassen, die Maisstärke und das Salz dazugeben und die kochende Milch unter ständigem Rühren aufgießen, bis eine schöne sämige Creme entsteht.

Dann eine rechteckige Auflaufform (20 x 28 cm) nehmen, etwas Béchamelsoße und Ragout hineingeben und das erste Teigblatt darauflegen. Dann wieder eine Schicht Béchamelsoße und Fleisch hineingeben und Parmesan darüberstreuen. Das Ganze so lange weiterschichten – jeweils mit Béchamelsoße, Fleisch, Parmesan und Teigblatt –, bis alle Zutaten aufgebraucht sind.

Den Backofen auf 160 °C vorheizen und die Lasagne 20 Minuten kross backen.

Hofbrennerei
SCHOKOLADE
GELAS
BAS ARMAGNAC
SELECTION

Ravioli mit Kartoffelfüllung

für 4–6 Personen

Für den Teig:

- 250 g helle Mehlmischung (siehe Seite 22) (oder Mischung Nudelteig glutenfrei von Meraner Mühle)
- 1 Ei
- 50 ml passierter Spinat
- 1 EL Olivenöl
- 1 gekochte und passierte Kartoffel
- etwas Salz

Für die Füllung:

- 1 fein geschnittene Zwiebel
- 2 EL Olivenöl
- 5 gekochte und passierte Kartoffeln
- 1 EL Schnittlauch
- etwas Salz und Pfeffer

Sonstiges:

- etwas Parmesan und geschäumte Butter zum Servieren

Alle Zutaten für den Teig miteinander verkneten, in Klarsichtfolie wickeln und 1 Stunde kalt stellen.

Für die Füllung die Zwiebel im Olivenöl goldbraun anrösten und die restlichen Zutaten dazugeben. Alles schön vermischen und in einen Spritzsack füllen.

Den Nudelteig in grobe Scheiben schneiden (1), mit der Nudelmaschine (oder mit dem Nudelholz) dünn ausrollen (2) und in rechteckige Stücke schneiden (3). In gleichmäßigen Abständen von ca. 5 cm die Füllung aufspritzen (4). Den Teig an den Rändern und zwischen der Füllung anfeuchten und alles mit einem weiteren Teigblatt bedecken. Die Ravioli rund ausstechen oder eckig ausradeln (5, 6) und im Salzwasser ca. 6 Minuten köcheln lassen.

Herausnehmen und mit Parmesan und geschäumter Butter servieren.

BEMERKUNG:

Sie können die Füllung nach Belieben variieren, wichtig ist nur, dass sie eine feste Konsistenz hat.

TIPP:

Um das Gericht noch etwas aufzupeppen, können Sie entweder Tomatensoße oder Gemüseragout unter die Ravioli geben.

Restaurant
1
2
3
4
5
6

Vollkorn-nudelteig

für 6–8 Personen

- 200 g dunkle Mehlmischung (siehe Seite 22) (oder 4-Korn Backmischung von Werz oder Buchweizenmehl)
- 200 g helle Mehlmischung (siehe Seite 22) (oder Mischung Nudelteig glutenfrei der Meraner Mühle, dann aber Xanthan weglassen)
- ½ TL Xanthan
- 1 gekochte und passierte Kartoffel
- 1 EL Olivenöl
- 100 ml Wasser oder Sahne
- 2 Eier
- ½ TL Salz

Alle Zutaten zu einem Teig verarbeiten und in Klarsichtfolie gewickelt mindestens 1 Stunde im Kühlschrank ruhen lassen.

Dann mit dem Nudelholz oder der Nudelmaschine austreiben und weiterverarbeiten.

BEMERKUNG:

Dieser Teig eignet sich perfekt für Schlutzkrapfen, mit Sahne für Tirtlen.

Schlutzkrapfen

für 6–8 Personen

Für den Teig:

- 150 g helle Mehlmischung (siehe Seite 22) (oder Universalmehl glutenfrei der Meraner Mühle)
- 200 g dunkle Mehlmischung (siehe Seite 22) (oder Schär Mix It Rustico oder Mischung Pizza-Brot-Focaccia rustikal glutenfrei der Meraner Mühle, dann aber Xanthan weglassen)
- ½ TL Xanthan
- 1 gekochte und passierte Kartoffel
- 1 EL Olivenöl
- 2 Eier
- 100 ml Wasser
- ½ TL Salz

Für die Füllung:

- 100 g fein geschnittene Zwiebel
- 1 gehackte Knoblauchzehe
- 2 EL Olivenöl
- 250 g gekochter und passierter Spinat
- Salz und Pfeffer
- 1 EL geriebener Parmesan

Sonstiges:

- etwas Parmesan und geschäumte Butter zum Servieren

Für den Teig alle Zutaten miteinander verkneten und mindestens 1 Stunde in Klarsichtfolie gewickelt im Kühlschrank ruhen lassen.

In der Zwischenzeit für die Füllung die Zwiebel und den Knoblauch im Olivenöl goldbraun anrösten, den passierten und gut ausgedrückten Spinat hinzugeben, kurz anrösten und gut würzen. Eventuell auch 1 EL Parmesan untermischen, um der Füllung etwas Konsistenz zu geben. Die Füllung in einen Spritzsack geben.

Den Teig zu einem breiten Streifen ausrollen und in Abständen von 5 cm jeweils etwas Füllung auf die untere Hälfte spritzen. Den Teig an den Rändern und zwischen der Füllung anfeuchten, die obere Hälfte des Teiges über die Häufchen klappen und an den Seiten fest zudrücken. Mit einem Ausstecher Halbmonde ausstechen.

Diese dann in Salzwasser 7 Minuten köcheln lassen. Mit Parmesan und geschäumter Butter servieren.

TIPP:

Noch besser wird die geschäumte Butter, wenn Sie fein geschnittene, leicht angeröstete Schalotten dazugeben.

Tirtlen

für ca. 12 Stück

Für den Teig:

- 200 g dunkle Mehlmischung (siehe Seite 22) (oder Schär Mix It Rustico oder Mischung Pizza-Brot-Focaccia rustikal glutenfrei der Meraner Mühle)
- 100 g helle Mehlmischung (siehe Seite 22) (oder Universalmehl glutenfrei der Meraner Mühle)
- 1 Ei
- 1 EL Olivenöl
- 110 ml Sahne oder Milch
- ½ TL Salz

Für die Füllung:

- 50 g gehackte Zwiebel
- 1 gehackte Knoblauchzehe
- 2 EL Olivenöl
- 150 g gekochter und passierter Spinat
- 80 g Topfen
- 1 EL Parmesan
- Salz und Pfeffer nach Belieben

Sonstiges:

- Butterfett oder Sonnenblumenöl zum Backen

Für den Teig alle Zutaten zusammenkneten und 1 Stunde in Klarsichtfolie gewickelt im Kühlschrank ruhen lassen.

In der Zwischenzeit für die Füllung die Zwiebel und den Knoblauch im Olivenöl goldbraun anrösten, den passierten und gut ausgedrückten Spinat hinzugeben und kurz anrösten. Den Topfen und den Parmesan daruntermischen, um der Füllung etwas Konsistenz zu geben. Mit Salz und Pfeffer würzen und die Füllung in einen Spritzsack geben.

Den Teig zu ca. 15 cm breiten Streifen ausrollen, die Füllung in ausreichend großen Abständen von ca. 15 cm aufspritzen. Den Teig anfeuchten und alles mit einem weiteren Streifen abdecken. Fest zusammendrücken und mit einem Ausstecher (ca. 12 cm Durchmesser) runde Tirtlen ausstechen.

Die Tirtlen im Fett goldbraun frittieren.

SÜSSER NUDELTEIG

Hasenöhrl

für ca. 8 Stück

Für den Teig:

- 250 g helle Mehlmischung (siehe Seite 22) (oder Universalmehl glutenfrei der Meraner Mühle)
- 40 g zerlassene Butter
- 50 ml Milch
- 1 EL Rum
- 1 EL Zucker
- 2 Eier
- 1 Prise Salz
- 1 Zitrone (Abrieb)
- 8 g Vanillezucker
- 30 ml Sahne

Für die Füllung:

- 100 ml Milch
- 100 g Zucker
- 200 g gemahlener Mohn
- ½ TL Zimtpulver
- 1 EL Rum
- Vanillezucker und Zitronenabrieb (nach Belieben)

Sonstiges:

- Butterfett oder Sonnenblumenöl zum Backen
- etwas Staubzucker zum Bestreuen

Für den Teig alle Zutaten zu einer geschmeidigen Masse verarbeiten und zu ca. 15 cm breiten Streifen ausrollen.

Für die Füllung die Milch mit dem Zucker aufkochen lassen, den Mohn und die Aromen dazugeben und gut durchziehen lassen.

In Abständen von 5 cm jeweils 1 TL Mohnfüllung auf den Teig geben. Den Teig an den Rändern und zwischen den Mohnhäufchen anfeuchten und einen weiteren Streifen über die Füllung legen. Mit dem Teigrad rechteckige Krapfen ausradeln.

Die Hasenöhrl auf beiden Seiten in heißem Fett goldbraun backen und vor dem Servieren mit etwas Staubzucker bestreuen.

Crostoli

für 8 Personen

Für den Teig:

- 250 g helle Mehlmischung (siehe Seite 22) (oder Universalmehl glutenfrei der Meraner Mühle)
- 40 g zerlassene Butter
- 50 ml Milch
- 30 ml Sahne
- 1 EL Rum
- 1 EL Zucker
- 1 Prise Salz
- 1 Zitrone (Abrieb)
- 8 g Vanillezucker

Sonstiges:

- Butterfett zum Backen
- 120 g Zucker-Zimt-Mischung zum Wälzen

Alle Zutaten zu einem Teig verarbeiten und diesen dünn ausrollen. Mit dem Teigrad langrechteckige Streifen ausradeln und die Streifen in der Mitte jeweils zur Hälfte durchradeln.

In heißem Fett goldbraun backen und gleich nach dem Herausnehmen noch heiß in der Zucker-Zimt-Mischung wälzen.

BRAND-TEIG

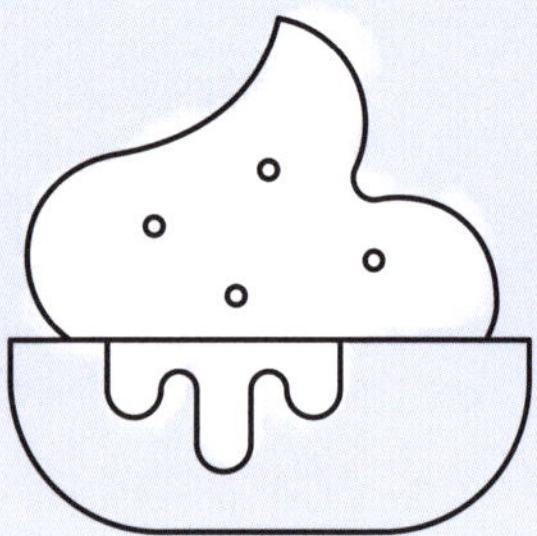

Brandteig

(Grundmasse)

für ca. 12 Stück

- 120 g Wasser
- 120 g Milch
- 100 g Butter
- 2 TL Zucker
- ½ TL Salz
- 160 g helle Mehlmischung (siehe Seite 22) (oder Universalmehl glutenfrei der Meraner Mühle)
- 4 Eier

Das Wasser, die Milch und die Butter aufkochen lassen. Den Zucker, das Salz und das Mehl einrühren und so lange weiterrühren, bis der Teig fest ist und sich von alleine vom Topfboden löst. Den Topf vom Herd nehmen und nacheinander die Eier einrühren.

Die Masse in einen Spritzsack füllen und die gewünschte Form auf ein mit Backpapier ausgelegtes Backblech spritzen. Die Teighäufchen mit Wasser befeuchten (dann werden sie außen knusprig und bleiben innen weich) und im vorgeheizten Backofen ca. 12–15 Minuten bei 190 °C backen.

BEMERKUNG:

Butter können Sie durch Margarine ersetzen, Milch durch Wasser.

Windbeutel

für 12 Stück

Für den Teig:

- 240 g Milch
- 100 g Butter
- 2 EL Zucker
- ½ TL Salz
- 160 g helle Mehlmischung (siehe Seite 22) (oder Universalmehl glutenfrei der Meraner Mühle)
- 4 Eier

Sonstiges:

- 6 EL Patisseriecreme zum Befüllen (siehe Seite 206)
- 250 ml geschlagene Sahne zum Befüllen
- etwas Staubzucker zum Bestreuen

Die Milch und die Butter aufkochen lassen. Den Zucker, das Salz und das Mehl einrühren und so lange weiterrühren, bis der Teig fest ist und sich von alleine vom Topfboden löst. Den Topf vom Herd nehmen und nacheinander die Eier einrühren.

Die Masse in einen Spritzsack füllen und Rosetten auf ein Backpapier spritzen. Gut mit Wasser befeuchten (dann werden sie außen knusprig und bleiben innen weich) und im vorgeheizten Backofen ca. 12–15 Minuten bei 190 °C backen.

Die Windbeutel erkalten lassen, dann in der Mitte teilen und mit der Patisseriecreme füllen. Ein Sahnehäubchen und den Deckel daraufsetzen und mit Staubzucker bestreuen.

KARTOFFEL-TEIG

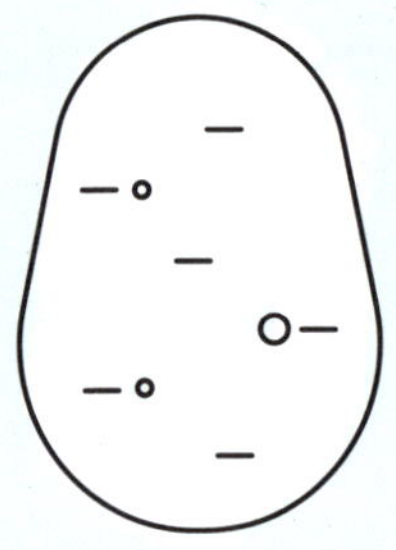

Gnocchi Seite 136

Gnocchi

für 4–6 Personen

Für den Teig

- 400 g gekochte und passierte mehlige Kartoffeln
- 2 Eier
- 200 g Kartoffelmehl
- 1 Prise Salz
- 40 g zerlassene Butter

Sonstiges:

- etwas zerlassene Butter und Parmesan zum Servieren

Alle Zutaten rasch zu einem Teig verarbeiten.

Einen ca. 2 cm dicken Strang formen und mit einem Messer ca. 2 cm lange Stücke abschneiden.

Salzwasser in einem Topf zum Kochen bringen, die Gnocchi einwerfen und kurz aufkochen lassen. Sobald sie an die Oberfläche schwimmen, mit einer Lochkelle abschöpfen und auf die Teller legen.

Mit zerlassener Butter und Parmesan oder einer Tomatensoße servieren.

BEMERKUNG:

Der Kartoffelteig darf nicht ruhen, sondern muss sofort weiterverarbeitet werden. In verarbeiteter Form kann er auch gut eingefroren werden.

TIPP:

Mit diesem Teig können Sie auch mit Graukäse gefüllte Kartoffelpralinen oder Pilzteigtaschen zubereiten.

Kartoffelhalbmonde

für 4–6 Personen

Für den Teig:

- 500 g gekochte und passierte mehlige Kartoffeln
- 3 Eigelb
- 225 g Kartoffelmehl
- 1 Prise Salz
- 40 g zerlassene Butter

Für die Füllung:

- 50 g klein gehackte Zwiebel
- 2 EL Olivenöl
- 200 g fester Ziegenfrischkäse
- 1 gekochte und passierte Kartoffel
- Salz und Pfeffer

Für die Füllung die Zwiebel im Olivenöl anrösten, mit dem Ziegenfrischkäse, der passierten Kartoffel sowie dem Salz und Pfeffer vermengen und in einen Spritzsack geben.

Für den Teig alle Zutaten rasch miteinander verarbeiten. Den Teig zu 15 cm breiten Streifen ausrollen und in Abständen von ca. 5 cm die Füllung aufspritzen. Den Teig an den Rändern und zwischen der Füllung anfeuchten, dann den überstehenden Teig über die Häufchen klappen, gut festdrücken und Halbmonde ausstechen.

Die Halbmonde 7 Minuten im Salzwasser köcheln lassen.

TIPP:

Sie können die Kartoffelhalbmonde auch in heißem Fett frittieren. Siehe Foto Seite 139.

Erdäpfl-blattlan

für 4–6 Personen

Für den Teig:

- 300 g gekochte und passierte mehlige Kartoffeln
- 2 Eigelb
- 140 g Kartoffelmehl
- 1 Prise Salz
- 20 g zerlassene Butter
- 1 TL Anissamen
- 1 TL Schnaps

Sonstiges:

- Butterfett oder Sonnenblumenöl zum Backen

Alle Zutaten rasch zu einem Teig verkneten. Den Teig ca. 1 cm dick ausrollen, in Rechtecke schneiden und in der Mitte mit einem Messer einschneiden oder mit einem Teigrad einradeln.

In heißem Fett goldbraun backen.

BEMERKUNG:

Der Schnaps verhindert, dass der Teig zu viel Öl aufnimmt.

TIPP:

Zu diesem Gericht passt Sauerkraut.

Marillenknödel

für 12 Stück

Für den Teig:

- 250 g gekochte und passierte mehlige Kartoffeln
- 40 g zerlassene Butter
- 3 Eigelb
- 1 Prise Salz
- 8 g Vanillezucker
- Zitronenabrieb (nach Belieben)
- 125 g Kartoffelmehl

Für die Füllung:

- 12 nicht zu weiche Marillen
- 6 Zuckerwürfel

Zum Wälzen:

- 50 g Butter
- 50 g Biskuitbrösel (siehe Seite 166) oder glutenfreie Semmelbrösel
- 1 TL Zimtpulver
- 1 EL Zucker

Alle Zutaten zu einem Teig verarbeiten, dann ausrollen und in ca. 10 × 10 cm große Quadrate teilen.

Die Marillen entkernen und anstelle des Kerns ein halbes Zuckerstück in die Frucht geben. Die Früchte jeweils mit einem Teigstück umhüllen und zu Knödeln formen.

Die Knödel ca. 20 Minuten in Salzwasser langsam köcheln lassen.

In einer Pfanne Butter zerlassen und glutenfreie Semmelbrösel leicht anrösten. Die Knödel darin wälzen und mit Zimtzucker bestreut servieren.

BEMERKUNG:

Je nach Jahreszeit können Sie die Knödel auch mit Erdbeeren (siehe Foto) oder Zwetschgen zubereiten.

TIPP:

Ich gebe 1 EL Zucker und 1 Pkg. Vanillezucker in das Salzwasser, das rundet den Geschmack ab. Sie können die Knödel auch auf einem Spiegel aus Fruchtmarmelade servieren – das sieht nicht nur schön aus, sondern schmeckt auch gut!

Süße Schupfnudeln

für 4–6 Personen

Für den Teig:

- 300 g gekochte und passierte mehlige Kartoffeln
- 2 Eigelb
- 140 g Kartoffelmehl
- 20 g zerlassene Butter
- 1 TL Salz
- 1 TL Zucker
- 8 g Vanillezucker
- 1 Zitrone (Abrieb; je nach Belieben)

Sonstiges:

- Butterfett oder Sonnenblumenöl zum Backen
- 2 EL Mohn-Zucker-Zimt-Mischung zum Wälzen
- etwas Staubzucker zum Bestreuen

Alle Zutaten rasch zu einem Teig verarbeiten, dann zu ca. 2 cm dicken Strängen ausrollen. Diese in ca. 2 cm lange Stücke schneiden und mit den Händen einzeln zu länglichen Nudeln rollen.

Die Schupfnudeln in heißem Fett goldgelb frittieren, herausnehmen und in der Mohn-Zucker-Zimt-Mischung wälzen. Mit Staubzucker servieren.

TIPP:

Richten Sie die fertigen Schupfnudeln auf Zwetschgen-, Himbeer- oder Marillencoulis an und geben Sie nach Belieben noch Vanillesoße dazu.

Ohne Zucker und Vanillezucker zubereitet, kann man Schupfnudeln auch als Beilage zu salzigen Gerichten servieren.

Kartoffel-grissini

Alle Zutaten zu einem Teig verarbeiten, ausrollen und in schmale Streifen schneiden.

Im vorgeheizten Backofen 15 Minuten bei 170 °C goldbraun backen.

für ca. 40 Stück

- 130 g gekochte und passierte mehlige Kartoffeln
- 75 g Butter
- 100 g Kartoffelmehl
- 50 g Parmesan
- 1 Eigelb
- ½ TL Salz
- 1 EL Kümmelsamen (nach Belieben)

KNÖDEL

Spinat- oder Rote-Bete-Knödel

für 4–6 Knödel

Für den Teig:

- 250 g passierter Spinat (für Spinatknödel)
- 120 g gekochte und pürierte Rote Bete (für Rote-Bete-Knödel)
- 2 Eier
- 50 ml Milch
- Salz und Pfeffer
- 50 g fein gehackte Zwiebel
- 1 EL Butter
- 2 EL Sonnenblumenöl
- 200 g geschnittenes Weißbrot (siehe Seite 28)

Sonstiges:

- etwas Parmesan und geschäumte Butter zum Servieren

Den Spinat oder die Rote Bete, die Eier und die Milch mixen und mit Salz und Pfeffer abschmecken.

Die Zwiebel in Butter und Öl goldbraun anrösten.

Die Zwiebel und die Spinat- bzw. Rote-Bete-Masse zum geschnittenen Brot geben und gut vermengen. Die Masse mindestens 1 Stunde ruhen lassen, damit sie eine feste Konsistenz bekommt.

Knödel formen und in kochendem Salzwasser ca. 7 Minuten köcheln lassen.

Mit Parmesan und geschäumter Butter servieren.

BEMERKUNG:

Ich bereite die Knödel ohne Mehl zu, das ist aber Geschmackssache. Wenn die Knödel eingefroren werden sollen, ist es ratsam, 1 EL der hellen Mehlmischung (siehe Seite 22) hinzuzufügen.

Pressknödel

für 4–6 Knödel

Für den Teig:

- 50 g fein gehackte Zwiebel
- 2 EL Butter
- 100 ml warme Milch
- 250 g geschnittenes Weißbrot (siehe Seite 28)
- 100 g Ahrntaler Graukäse (oder eine andere würzige Käsesorte)
- 2 Eier
- 2 EL fein geschnittener Schnittlauch

Sonstiges:

- etwas Sonnenblumenöl zum Anbraten
- 1,5 l Suppe oder gesalzenes Wasser zum Kochen

Die Zwiebel in der Butter anrösten, dann mit der Milch aufgießen und zum geschnittenen Brot geben. Den Graukäse zerbröseln und dazugeben, dann die Eier und den Schnittlauch gut unterrühren. Den Teig sorgfältig durchkneten und 1 Stunde ziehen lassen.

Aus der Masse Knödel formen, mit der Hand flach drücken und in der Pfanne mit wenig Öl goldgelb anbraten. Anschließend ca. 6 Minuten in der Suppe köcheln lassen.

Die Knödel entweder in der Suppe oder mit Krautsalat servieren.

TIPP:

Wenn Sie die Knödel einfrieren möchten, sollten Sie 1 EL der hellen Mehlmischung (siehe Seite 22) unter den Teig mengen.

Speckknödel

für 4–6 Knödel

Für den Teig:

- 50 g geschnittene Zwiebel
- 2 EL Butter
- 1 EL Sonnenblumenöl
- 80 ml warme Milch
- 250 g geschnittenes Weißbrot (siehe Seite 28)
- 100 g fein gewürfelter Speck
- 1 EL fein geschnittener Schnittlauch oder fein geschnittene Petersilie
- 1 Eier

Sonstiges:

- 1,5 l Suppe oder gesalzenes Wasser zum Kochen

Die Zwiebel in der Butter und im Sonnenblumenöl anrösten, dann mit der Milch aufgießen und zum geschnittenen Brot geben. Den Speck und den Schnittlauch dazugeben, die Eier gut unterrühren und den ganzen Teig sorgfältig durchkneten. 1 Stunde ziehen lassen.

Aus der Masse Knödel formen und in der Suppe oder im Salzwasser ca. 6 Minuten köcheln lassen.

Die Knödel entweder in der Suppe oder mit Krautsalat servieren.

TIPP:

Geben Sie 1 EL der hellen Mehlmischung (siehe Seite 22) in den Teig, wenn Sie die Knödel einfrieren möchten.

ANDERE TEIGE

Kaiserschmarrn Seite 164

Crêpesteig

für 6–7 Crêpes

Für den Teig:

- 100 g helle Mehlmischung (siehe Seite 22) (oder Mehl-Mix Universal von Bauck)
- 1 Ei
- 100 ml Milch
- 200 ml Mineralwasser
- etwas Salz
- 1 EL Zucker
- 8 g Vanillezucker

Sonstiges:

- 2 EL Sonnenblumenöl zum Einölen

Alle Zutaten zu einem glatten Teig verrühren.

Die Pfanne erhitzen, mit Sonnenblumenöl einölen und dünne Crêpes herausbacken.

Die Crêpes mit Marmelade füllen und nach Belieben mit Obst verzieren.

BEMERKUNG:

Bei Frittaten (Suppeneinlage) einfach den Zucker und Vanillezucker weglassen.

Waffelteig

für ca. 30 Waffeln

- 130 g Butter
- 130 g Zucker
- 8 g Vanillezucker
- 1 Zitrone (Abrieb)
- 3 Eier
- 250 g helle Mehlmischung (siehe Seite 22) (oder Mehl-Mix Universal von Bauck)
- 1 Msp. Weinsteinbackpulver
- 120 ml Milch

Die Butter und den Zucker mit dem Vanillezucker und dem Zitronenabrieb schaumig rühren. Nach und nach die Eier dazugeben und zum Schluss das Mehl, das Backpulver und die Milch unterheben.

Das Waffeleisen vorheizen, jeweils einen Schöpfer Teig in die Mitte setzen und 2 Minuten lang goldbraun backen.

1
2
3

Kaiser-schmarrnteig

für 2 Personen

Für den Teig:

- 200 ml Milch
- 2 EL helle Mehlmischung (siehe Seite 22) (oder Mehl-Mix Universal von Bauck)
- 1 Msp. Weinsteinbackpulver
- 8 g Vanillezucker
- 1 EL Topfen
- 1 Ei
- 1 Prise Salz

Sonstiges:

- 1 EL Sonnenblumenöl zum Backen
- etwas Zucker und Butter zum Karamellisieren

Alle Zutaten zu einem Teig vermengen.

Die Pfanne gut erhitzen, das Sonnenblumenöl hinzufügen und leicht erwärmen, dann den Teig einfließen lassen. Zugedeckt so lange backen, bis der Teig aufgegangen ist. Dabei auf die Unterhitze achten und nur auf kleiner Flamme backen, damit der Teig nicht anbrennt. Dann den Teig umdrehen und ohne Deckel goldgelb fertigbacken.

Etwas Zucker einrieseln lassen und eine Flocke Butter hinzufügen. Den Schmarrn in grobe Stücke reißen und gut in der Butter durchschwenken.

TIPP:

Dazu schmeckt Preiselbeermarmelade, Vanilleeis oder Apfelmus.

Biskuitteig

Die Eier mit dem Zucker schaumig rühren, bis man eine steife Masse erhält. Das Mehl unter die Eimasse rühren.

Den Teig auf ein mit Backpapier ausgelegtes Backblech streichen und im vorgeheizten Backofen ca. 12 Minuten bei 180 °C goldgelb backen.

für 1 Blech

- 6 Eier
- 100 g Zucker
- 100 g helle Mehlmischung (siehe Seite 22) (oder Mehl-Mix für Kuchen von Bauck)

TIPP:

Mischen Sie 20 g zerlassene Butter oder 1 EL Topfen in den Teig, dann wird er etwas saftiger. Um einen dunklen Biskuitteig zu erhalten, können Sie 50 g geschmolzene Bitterschokolade zur Masse geben.

TORTEN

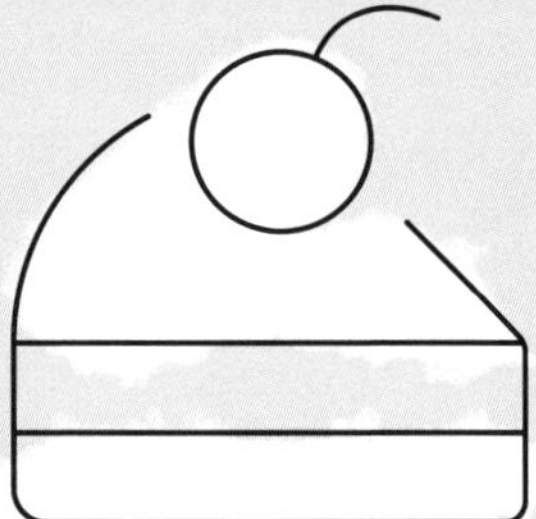

Biskuittorte mit Früchten

für 1 Torte

Für den Teig:

- 8 Eier
- 120 g Zucker
- 8 g Vanillezucker
- 1 Zitrone (Abrieb)
- 120 g helle Mehlmischung (siehe Seite 22) (oder Mehl-Mix für Kuchen von Bauck)
- 20 g zerlassene Butter

Sonstiges:

- etwas Butter zum Einfetten der Backform
- 200 g Fruchtmarmelade zum Bestreichen
- 200 g Waldfrüchte zum Belegen
- 12 g Tortengelee zum Überziehen

Die Eier und den Zucker schaumig rühren, bis die Masse steht. Dann langsam den Vanillezucker, den Zitronenabrieb, das Mehl und die Butter unterheben.

Den Teig gleichmäßig in eine gebutterte Tortenform (ca. 28 cm Durchmesser) füllen und im vorgeheizten Backofen 25 Minuten bei 160 °C backen.

Die Torte herausnehmen, abkühlen lassen und auf ein feuchtes Küchentuch legen.

Die Form mit Backpapier auskleiden, damit das Gelee später nicht von der Torte läuft. Die Torte in der Mitte durchschneiden, beide Böden mit Marmelade bestreichen und in der Form übereinanderlegen. Die Früchte schön auf der Torte verteilen, das Tortengelee nach Packungsanleitung zubereiten und die Früchte damit fixieren.

Die Torte für mindestens 1 Stunde in den Kühlschrank geben. Nach dem Abkühlen aus der Form lösen und das Backpapier abziehen.

TIPP:

Wenn Sie kein Tortengelee mögen, können Sie auch 1 TL Agar-Agar in Wasser oder Marmelade aufkochen und über die Früchte gießen.

Sachertorte

für 1 Torte

Für den Teig:

- 8 Eiweiß
- 120 g Zucker
- 185 g weiche Butter
- 100 g Zucker
- 8 Eigelb
- 150 g geschmolzene dunkle Schokolade (72 % Kakaoanteil)
- 80 g geriebene Mandeln
- 200 g helle Mehlmischung (siehe Seite 22) (oder Mehl-Mix für Kuchen von Bauck)

Für die Füllung:

- 4 EL passierte Marillenmarmelade
- etwas Rum (nach Belieben)

Für die Glasur:

- 1 Blatt Gelatine
- 60 g Zucker
- 25 ml Wasser
- 55 ml Sahne
- 30 g Kakaopulver
- 40 g geschmolzene dunkle Schokolade (72 % Kakaoanteil)

Sonstiges:

- etwas Butter zum Einfetten der Backform

Das Eiweiß und den Zucker zu festem Eischnee schlagen.

Die Butter und den Zucker schaumig schlagen, dann nach und nach die Eigelb dazugeben, bis eine schöne Creme entsteht.

Die geschmolzene Schokolade, die Mandeln und das Mehl sacht unter die Butter-Zucker-Masse rühren und zum Schluss den Eischnee unterheben.

Die Masse in eine gebutterte Tortenform (ca. 24 cm Durchmesser) geben und im vorgeheizten Backofen ca. 45 Minuten bei 160 °C backen.

Die Torte erkalten lassen und dann in der Mitte durchschneiden. Den Boden nach Belieben mit etwas Rum tränken und mit der Marillenmarmelade bestreichen. Die Tortenhälften wieder aufeinandersetzen und die Torte an allen Seiten mit Marmelade einstreichen.

Für die Glasur die Gelatine in wenig kaltem Wasser kurz einweichen. Den Zucker und das Wasser aufkochen lassen, dann die gut ausgedrückte Gelatine und die restlichen Zutaten unterrühren – die Konsistenz muss flüssig sein. Die Torte mit der Glasur überziehen und in den Kühlschrank stellen.

BEMERKUNG:

Wenn die Torte erkaltet ist, kann man sie sehr gut schneiden.

Sacher

Kastanientorte

für 1 Torte

Für den Teig:

- 200 g Butter
- 180 g Zucker
- 4 Eier
- 1 EL Rum
- 8 g Vanillezucker
- 150 g geriebene Mandeln
- 200 g grob gehackte und gekochte Kastanien
- 80 g helle Mehlmischung (siehe Seite 22) (oder Mehl-Mix für Kuchen von Bauck)
- 1 Pkg. Weinsteinbackpulver
- 1 TL ungesüßtes Schokoladepulver

Für die Eierlikörcreme:

- 2 Blatt Gelatine
- 2 EL warmer Eierlikör
- 250 ml geschlagene Sahne

Sonstiges:

- 150 g Kastanienreis zum Dekorieren

Die Butter und den Zucker schaumig rühren, dann nach und nach die Eier dazugeben. Den Rum und den Vanillezucker beimengen und so lange schlagen, bis ein schöner Schaum entsteht. Anschließend langsam die restlichen Zutaten untermengen.

Den Teig in eine gebutterte Tortenform (ca. 24 cm Durchmesser) geben und im vorgeheizten Backofen ca. 40–45 Minuten bei 160 °C backen, dann gut auskühlen lassen.

Die Gelatine in wenig kaltem Wasser kurz einweichen. Anschließend gut ausdrücken und im warmen Eierlikör zergehen lassen. Die Eierlikörcreme unter die geschlagenen Sahne mengen.

Die Creme gleichmäßig auf der Torte verteilen und zum Schluss den Kastanienreis darauf verteilen.

Nusstorte

für 1 Torte

Für den Teig:

- 8 Eier
- 120 g Zucker
- 60 g geriebene Haselnüsse
- 80 g helle Mehlmischung (siehe Seite 22) (oder Spar free from Backmischung Universal)

Für die Füllung:

- 100 g weiche Butter
- 80 g Staubzucker
- 8 EL Patisseriecreme (siehe Seite 206)
- 50 g geschmolzene Nougat- oder Zartbitterschokolade
- 100 g grob gehackte Haselnüsse

Die Eier und den Zucker schaumig rühren, bis die Masse steht. Dann die Haselnüsse und das Mehl unter die Masse heben und dünn auf zwei mit Backpapier ausgelegte Backbleche streichen. Im vorgeheizten Backofen 12 Minuten bei 170 °C backen.

Die gebackenen Teige auf einem feuchten Tuch auskühlen lassen.

Für die Füllung die Butter mit dem Staubzucker schaumig rühren, nach und nach die Patisseriecreme zugeben und zum Schluss die geschmolzene Schokolade und die Haselnüsse unterheben.

Mit einem Tortenring Böden aus den Teigen ausstechen (je nach Größe des Rings kann deren Anzahl variieren), diese jeweils mit der Nussmasse bestreichen und schichtweise zu einer Torte aufbauen.

Die Torte mit dem Rest der Nussmasse verzieren.

BEMERKUNG:

Anstatt der Nussmasse können Sie auch Schlagsahne verwenden.

KEKSE

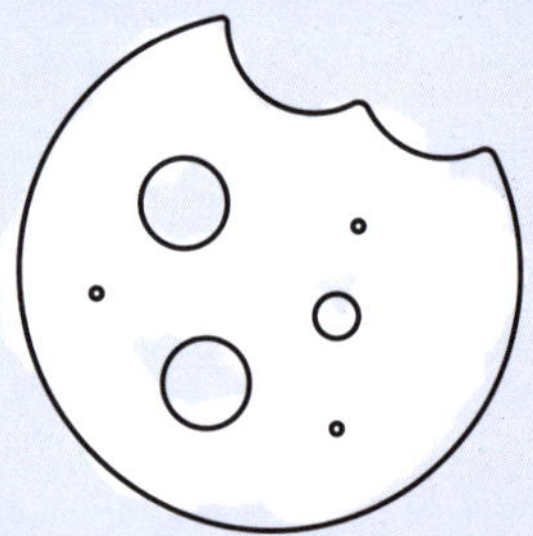

Einfache Hauskekse

für ca. 60 Stück

- 250 g helle Mehlmischung (siehe Seite 22) (oder Spar free from Backmischung Universal oder Schär Mix C)
- 150 g Butter
- 100 g Zucker
- 1 Prise Salz
- 1 gekochte und passierte Kartoffel
- 1 Zitrone (Abrieb)
- 1 Ei
- 8 g Vanillezucker

Alle Zutaten zu einem Teig verkneten und diesen mindestens 1 Stunde ruhen lassen.

Dann den Teig ½ cm dick ausrollen und die Kekse nach Wunsch ausstechen.

Die Kekse im vorgeheizten Backofen ca. 12 Minuten bei 170 °C backen.

BEMERKUNG:

Verzieren oder füllen Sie die Kekse ganz nach Lust und Laune.

TIPP:

Sie können anstelle der Kartoffel auch Topfen nehmen.

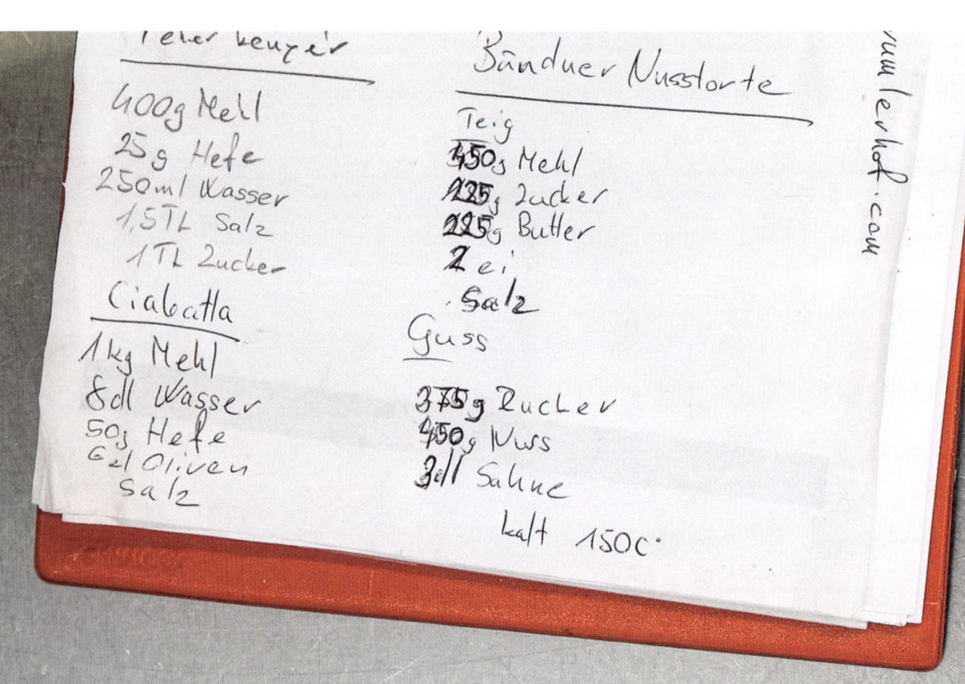

Nuss-Himbeer-Kekse

für ca. 60 Stück

Für den Teig:

- 175 g helle Mehlmischung (siehe Seite 22) (oder Universalmehl glutenfrei der Meraner Mühle)
- 125 g Butter
- 75 g Staubzucker
- 1 Eigelb
- ½ TL Weinsteinbackpulver
- 1 Prise Salz
- Zitronenabrieb
- 1 Pkg. Vanillezucker

Sonstiges:

- 1 Eiweiß zum Eintunken
- 50 g geriebene Nüsse zum Wälzen
- 100 g rote Marmelade zum Befüllen

Alle Zutaten zu einem Teig vermengen und kleine Kugeln daraus formen.

Das Eiweiß kurz verquirlen, dann die Kugeln darin eintunken und anschließend in den geriebenen Nüssen wälzen. Auf ein mit Backpapier ausgelegtes Backblech setzen.

Im vorgeheizten Backofen 10 Minuten bei 160 °C backen, herausnehmen und in der Mitte (mit dem Finger oder dem Kochlöffelstiel) eine kleine Einbuchtung machen; weitere 5–7 Minuten fertig backen.

Zum Schluss die Marmelade in die Einbuchtungen der noch warmen Kekse füllen.

BEMERKUNG:

Anstelle der Nüsse können Sie auch gehackte Pistazien- oder Kürbiskerne verwenden.

Spitzbuben

für ca. 60 Stück

Für den Teig:

- 250 g helle Mehlmischung (siehe Seite 22) (oder Spar free from Backmischung Universal)
- 150 g Butter
- 100 g Zucker
- 1 Prise Salz
- 1 gekochte und passierte Kartoffel
- 1 Zitrone (Abrieb)
- 1 Ei

Sonstiges:

- 100 g Marmelade zum Befüllen (je nach Geschmack)

Alle Zutaten zu einem Teig verarbeiten und diesen mindestens 30 Minuten in Klarsichtfolie gewickelt im Kühlschrank ruhen lassen.

Den Teig ½ cm dick ausrollen und mit einem runden Ausstecher die Formen für die Spitzbuben ausstechen. Dafür jeweils als Boden einen ganzen Keks und als Deckel einen Keks mit einem runden oder herzförmigen Loch ausstechen.

Die Kekse im vorgeheizten Backofen 12 Minuten bei 170 °C backen.

Die Keksböden mit der Marmelade bestreichen und dann den Deckel daraufsetzen.

Lebkuchen

für ca. 60 Stück

Für den Teig:

- 5 Eier
- 200 g brauner Zucker
- 250 g gemahlene Haselnüsse
- 250 g gemahlene Mandeln
- 1 EL Maisstärke
- 2 EL helle Mehlmischung (siehe Seite 22) (oder Spar free from Backmischung Universal)
- 125 g sehr fein gehacktes Zitronat
- 125 g sehr fein gehacktes Orangeat
- ca. 15 g Lebkuchengewürz (z. B. Brecht)

Für die Glasur:

- 100 g Staubzucker
- 2 EL Zitronensaft
- 100 g geschmolzene Bitterschokolade

Sonstiges:

- geschälte ganze Mandeln

Die Eier mit dem braunen Zucker schaumig rühren. Die Haselnüsse, die Mandeln, die Maisstärke, das Mehl, das Zitronat, das Orangeat sowie das Lebkuchengewürz vermischen und zur Eimasse geben. Den Teig über Nacht in Klarsichtfolie gewickelt im Kühlschrank durchziehen lassen.

Am nächsten Tag mit einem Esslöffel Häufchen (nicht zu dick) auf ein mit Backpapier ausgelegtes Backblech setzen. Mit der feuchten Hand in Form streichen. Im vorgeheizten Backofen ca. 20 Minuten bei 175 °C backen. Die Lebkuchen sind noch relativ weich, wenn sie aus dem Ofen kommen, sie trocknen aber an der Luft nach.

Aus dem Staubzucker und dem Zitronensaft eine Glasur rühren. Die Lebkuchen mit der Zitronenglasur oder alternativ mit geschmolzener Schokolade überziehen und eine geschälte Mandel daraufsetzen. Auf einem Gitterrost auskühlen lassen.

TIPP:

Anstatt mit dem Esslöffel Häufchen auf das Backpapier zu setzen, können Sie auch einfach mit einem Spritzbeutel ohne Tülle kleine Häufchen auf das Backblech spritzen und diese mit nassen Fingern glattstreichen.

Vanillekipferl

für ca. 60 Stück

Für den Teig:

- 200 g helle Mehlmischung (siehe Seite 22) (oder Schär Mix C)
- 150 g Margarine
- 100 g geriebene Mandeln
- 75 g Zucker
- 8 g Vanillezucker
- etwas Salz

Sonstiges:

- 50 g Vanillezucker zum Wälzen

Alle Zutaten zu einem Teig verkneten und diesen in Klarsichtfolie gewickelt 30 Minuten im Kühlschrank ruhen lassen.

Den Teig zu gleichmäßigen dünnen Strängen rollen, davon kleine Stücke abschneiden und zu Kipferl formen. Auf ein mit Backpapier ausgelegtes Backblech geben und im vorgeheizten Backofen ca. 15 Minuten bei 180 °C backen.

Die Kipferl noch ofenwarm im Vanillezucker wälzen.

BEMERKUNG:

Der Teig muss immer kalt verarbeitet werden, ansonsten bricht er auseinander. Geben Sie ihn wieder in den Kühlschrank, wenn er zu warm wird.

Schokotaler mit Mandeln

für ca. 60 Stück

Für den Teig:

- 300 g weiche Butter
- ½ TL Vanillezucker
- 1 Msp. Salz
- 3 Eier
- 320 g helle Mehlmischung (siehe Seite 22) (oder Schär Mix C)
- 180 g Zucker
- 60 g Kakaopulver
- 125 g grob gehackte Mandeln

Sonstiges:

- 1 Eiweiß zum Eintunken
- etwas Zucker zum Wälzen

Die Butter, den Vanillezucker und das Salz schaumig rühren, nach und nach die Eier zugeben und mit den restlichen Zutaten zu einem geschmeidigen Teig verarbeiten. Zu Rollen von ca. 3 cm Durchmesser formen und in Klarsichtfolie gewickelt 1 Stunde im Kühlschrank kalt stellen.

Die Rollen aus dem Kühlschrank nehmen und in ca. 1 cm dicke Scheiben schneiden. Das Eiweiß etwas verquirlen, dann die Kekse darin eintunken und im Zucker wälzen. Auf ein mit Backpapier ausgelegtes Backblech geben und im vorgeheizten Backofen 15 Minuten bei 160 °C backen.

Schokoladenkekse mit Nüssen

für ca. 60 Stück

- 150 g gehackte Mandeln
- 50 g geschmolzene Bitterschokolade
- 120 g weiche Butter
- 2 Eier
- 80 g Zucker
- 200 g helle Mehlmischung (siehe Seite 22) (oder Schär Mix C)
- 8 g Vanillezucker

Alle Zutaten rasch zu einem Teig verarbeiten und zu einem Strang von ca. 2 cm Durchmesser rollen. In Klarsichtfolie wickeln und 1 Stunde kalt stellen.

Die Klarsichtfolie abnehmen und den Strang in 1 cm dicke Scheiben schneiden. Die Kekse im vorgeheizten Backofen 14 Minuten bei 170 °C backen.

Schokotaler mit Mandeln

Schwarz-Weiß-Gebäck

für ca. 60 Stück

Für den Teig:

- 250 g helle Mehlmischung (siehe Seite 22) (oder Schär Mix C)
- 150 g Butter
- 100 g Zucker
- 1 Ei
- 1 Pkg. Vanillezucker
- ½ Zitrone (Abrieb)
- 1 kleine gekochte und passierte Kartoffel
- 1 Prise Salz
- 1 EL ungesüßtes dunkles Kakaopulver (oder 30 g geschmolzene Bitterschokolade)

Sonstiges:

- 1 Eigelb zum Bestreichen

Alle Zutaten mit Ausnahme des Kakaopulvers zu einem Teig verarbeiten. Dann den Teig teilen und eine Hälfte mit dem Kakao gut durchkneten, sodass der Teig ganz dunkel wird. Beide Teile in Klarsichtfolie gewickelt 1 Stunde im Kühlschrank kalt stellen.

Beide Teile zu jeweils einem Rechteck ausrollen. Den einen Teil mit dem Eigelb bestreichen, den anderen Teil darauflegen und eng aufrollen. Hierfür kann man Backpapier verwenden, in das man die Rolle dann einschlägt. Die Rolle ca. 30 Minuten im Gefrierfach anfrieren.

Die Rolle aus dem Backpapier lösen, in ca. ½ cm dicke Scheiben schneiden und auf ein mit Backpapier ausgelegtes Backblech geben.

Im vorgeheizten Backofen 12 Minuten bei 170 °C backen.

DESSERTS & KLEINGEBÄCK

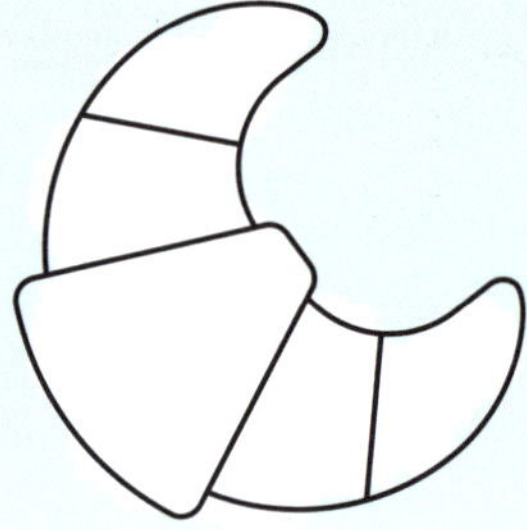

Topfentascherl Seite 214

Patisseriecreme

für 500 ml

- 1 Vanilleschote
- 500 ml Milch
- 5 Eigelb
- 80 g Zucker
- 50 g Maisstärke

Die Vanilleschote der Länge nach aufschneiden und das Mark herauskratzen. Das Mark sowie die Schote in die Milch geben und aufkochen. Dann den Topf vom Herd nehmen und die Vanilleschote entfernen.

Die Eigelb und den Zucker schaumig rühren und zum Schluss die Maisstärke untermengen.

Die Masse in die Milch geben und unter ständigem Rühren nochmals aufkochen lassen. So lange weiterrühren, bis die Masse sich festigt.

Die Masse in eine Schüssel stürzen und erkalten lassen.

Schokosoufflé

für 12 Soufflés

- 250 g Butter
- 130 g Zucker
- 6 Eier
- 5 Eigelb
- 250 g geschmolzene Schokolade
- 55 g helle Mehlmischung (siehe Seite 22) (oder Spar free from Backmischung Universal)

Die Butter mit dem Zucker schaumig rühren. Die Eier und die Eigelb verquirlen und schön langsam unter die Buttermasse rühren. Dann die geschmolzene Schokolade dazugeben und zum Schluss das Mehl unterheben.

Die Masse auf 12 Förmchen verteilen, dabei nur zu zwei Dritteln füllen.

Im vorgeheizten Backofen 9–12 Minuten bei 200 °C so lange backen, bis die Soufflés schön aufgegangen sind.

BEMERKUNG:

Ich steche das Schokosoufflé auf dem Teller auseinander und fülle es mit 1 EL Patisseriecreme (siehe Seite 206).

Brownies

für 1 Blech

- 115 g Butter
- 115 g Bitterschokolade (72 % Kakaoanteil)
- 300 g brauner Zucker
- 8 Eier
- 115 g helle Mehlmischung (siehe Seite 22) (oder Mehl-Mix für Kuchen von Bauck)
- 1 EL dunkles Kakaopulver
- 1 Prise Salz
- 8 g Vanillezucker

Die Butter und die Schokolade im Wasserbad schmelzen und mit dem Kochlöffel mit allen anderen Zutaten verrühren, aber nicht schlagen, damit keine Luft in den Teig kommt.

Ein Backblech mit Backpapier auslegen und die Masse hineinleeren.

Im vorgeheizten Backofen 25 Minuten bei 150 °C backen.

Herausnehmen und auskühlen lassen, dann kann man die Brownies gut schneiden. Sie sollen innen noch schön feucht und saftig sein.

Topfenknödel

ca. 10 Stück

Für den Teig:

- 50 g Butter
- 50 g Zucker
- 250 g Topfen
- 2 Eier
- 8 g Vanillezucker
- 1 Zitrone (Abrieb)
- 70 g helle Mehlmischung (siehe Seite 22) (oder Mehl-Mix Universal von Bauck)

Zum Wälzen:

- 50 g Biskuitbrösel (siehe Seite 166)
- 1 TL Zimtpulver
- 1 TL Zucker

Die Butter gut mit dem Zucker und dem Topfen vermischen. Dann die Eier schaumig rühren und leicht mit der Topfenmasse verrühren, anschließend den Vanillezucker, den Zitronenabrieb und das Mehl unter die Masse heben.

Den Teig 1 Stunde ruhen lassen, bis er fest wird. Dann in 10 Portionen teilen und zu Knödeln rollen.

Wasser zum Kochen bringen und salzen. Die Knödel hineingeben und ca. 7 Minuten leicht köcheln lassen.

Die Biskuitbrösel mit dem Zimt und dem Zucker vermischen. Die Knödel aus dem Wasser nehmen und in dem Biskuitbrösel-Gemisch wälzen.

TIPP:

Die Topfenknödel schmecken sehr gut auf einem Spiegel von Himbeer- oder Erdbeergelee. Gerade im Sommer passen auch frische Waldfrüchte hervorragend zu diesem Dessert.

Topfentascherl

für 6 Stück

Für den Teig:

- 70 g zerlassene Butter
- 50 g Zucker
- 1 Ei
- 250 g helle Mehlmischung (siehe Seite 22) (oder BiAglut)
- 150 g Topfen
- 3 EL Milch
- 8 g Backpulver
- 1 Prise Salz
- 1 TL Rum
- Zitronenabrieb und Vanillezucker (je nach Geschmack)

Für die Füllung:

- 60 g Butter
- 90 g Zucker
- 2 Eigelb
- 250 g Topfen
- 1 Zitrone (Abrieb)

Sonstiges:

- 1 verquirltes Ei zum Bestreichen

Für den Teig die Butter und den Zucker schaumig rühren, das Ei dazugeben und verrühren. Dann die restlichen Zutaten untermengen und alles zu einem geschmeidigen Teig verarbeiten.

Den Teig ausrollen und in 10 × 10 cm große Quadrate schneiden.

Für die Füllung die Butter und den Zucker schaumig rühren, die Eigelb dazugeben und zum Schluss den Topfen und den Zitronenabrieb unterrühren. Die Füllung in einen Spritzsack geben und jeweils einen großen Tupfer davon in die Mitte der Vierecke setzen.

Die Vierecke schließen, indem man den Teig von allen vier Seiten zur Mitte hin einschlägt. Die Topfentascherl mit Ei bestreichen und im vorgeheizten Backofen ca. 20 Minuten bei 160 °C goldgelb backen.

Toni
Innerhofer
28.09.1986
Es dankt der
Dekanat Taufers

Gewicht 1125 kg

BAHN-ERÖFFNUNGS-FREISCHIESSEN 1908

Was ist Gluten?
Gluten ist ein Protein in Getreidearten, das auch Klebereiweiß genannt wird. Gluten hat auf die Backeigenschaften eines Mehls eine positive Wirkung, die Backwaren gelingen damit einfacher. Gluten ist für gesunde Menschen nicht schädlich.

Worin befindet sich Gluten?
Gluten kommt vor allem in den Getreidearten Weizen, Dinkel, Roggen, Gerste und in handelsüblichem Hafer vor, und damit klassischerweise in Brot- und Backwaren, Nudeln oder Bier. Gluten kann aber auch in Lebensmitteln enthalten sein, in denen man es nicht so leicht vermutet, wie zum Beispiel Eiscremes, Marinaden, Chips, Süßigkeiten, Joghurterzeugnisse, Soßen, Brotaufstriche, Schokolade.

Was ist Zöliakie?
Eine Zöliakie ist eine systemische Immunerkrankung. Nehmen an Zöliakie erkrankte Menschen Gluten zu sich, führt dies zu einer Autoimmunreaktion der Dünndarmschleimhaut. Die für die Aufnahme von Nährstoffen zuständigen Zotten im Dünndarm bilden sich zurück. In der Folge kann der Körper nicht mehr genügend Nährstoffe aufnehmen, Mangelerscheinungen, lebensbedrohender Gewichtsverlust, Osteoporose, Nervenschäden oder sogar Krebs können die Folge sein.

Wie ist das Krankheitsbild?
Die häufigsten Symptome sind Magen-Darm-Probleme wie Durchfälle, Magenkrämpfe, Erbrechen, Blähungen oder Appetitlosigkeit. Bei Zöliakie treten darüber hinaus Mangelerscheinungen auf, bei Kindern mit Zöliakie oft Wachstumsstörungen. Es gibt auch an Zöliakie Erkrankte, die keinerlei Symptome aufweisen.

Eine Zöliakie tritt außerdem häufig in Zusammenhang mit anderen Unverträglichkeiten auf, wie z. B. Laktoseintoleranz und Fruktoseunverträglichkeit, sowie Schilddrüsen-Erkrankungen, Diabetes mellitus, Zahnschmelzdefekten, Down-Syndrom oder Migräne. Auch ein unerfüllter Kinderwunsch kann auf eine Zöliakie zurückzuführen sein.

Wie viele Personen sind betroffen?
Bei jedem 100. Menschen wird eine Zöliakie diagnostiziert. Die Dunkelziffer der Erkrankten ist weit höher, weil es viele Menschen gibt, bei denen die Krankheit symptomfrei verläuft. Menschen mit Zöliakie haben eine genetische Veranlagung zu Zöliakie. Liegt eine genetische Disposition für Zöliakie vor, kann im Laufe des Lebens eine Zöliakie ausbrechen, muss aber nicht.

Warum muss man den Kontakt mit Gluten vermeiden?
Menschen, bei denen eine Zöliakie diagnostiziert wurde, müssen sich lebenslang strikt glutenfrei ernähren, selbst kleinste Mengen Gluten müssen vermieden werden. Der Grenzwert liegt hier bei 20 ppm („parts per million") Gluten. Bildlich heißt das: Befinden sich in einer Schale eine Million Brotkrümel und sind davon 21 Krümel glutenhaltig, ist der Grenzwert für glutenfreie Ernährung überschritten und die Schüssel mit einer Million Krümel gilt als glutenhaltig. Dies zeigt, wie viel Sorgfalt bei der Zubereitung glutenfreier Lebensmittel für Menschen mit Zöliakie nötig ist.

Wo finden Menschen mit Zöliakie Hilfe?
Die Deutsche Zöliakie-Gesellschaft e. V. vertritt 42.000 Mitglieder und hilft Betroffenen, mit ihrer Erkrankung umzugehen. Mehr Informationen unter www.dzg-online.de.

GLUTEN FREE
FARINA UNIVERSALE
UNIVERSALMEHL
500 g
Erhältlich
im Detailgeschäft
FARINARIUM
und online unter
www.meranermuehle.it
sowie in Fachgeschäften wie
PUR SÜDTIROL
MERANER MÜHLE
MOLINO MERANO
Industriestraße, Zona Industriale 7 - 39011 Lana (BZ) | +39 0473 497297

DRUMLERHOF

feel nature

Glutenfrei genießen bei der Autorin
Gustare la cucina gluten free di Ruth Innerhofer

www.drumlerhof.com

GLOSSAR:

EL	Esslöffel
Erdäpfel	Kartoffel
g	Gramm
Marillen	Aprikosen
ml	Milliliter
Pkg.	Packung
TL	Teelöffel
Topfen	Quark

HINWEIS

Wenn Sie unter einer Glutenunverträglichkeit leiden, achten Sie bei allen Produkten auf das Emblem der durchgestrichenen Ähre der DGZ oder auf das Wort „glutenfrei“ auf der Verpackung.

Impressum
Wir danken der Meraner Mühle für die Unterstützung.

2. Auflage

ISBN 978-88-7283-794-8

Projektleitung: Eva Simeaner

Lektorat und Korrektur: Katharina Preindl, Helene Dorner
Grafik und Umschlaggestaltung: Philipp Putzer, farbfabrik.it
Druckvorstufe: Typoplus
Alle Fotos: Gerd Eder, gerdeder.com

Der Verlag dankt Sylvia Nußbaumer und Julia Rainer.

Unseren Gesamtkatalog finden Sie unter: www.raetia.com
Fragen und Anregungen: info@raetia.com

Alle Landschaftsfotos stammen aus der Umgebung des Drumlerhofs in Sand in Taufers.

Urlaub bei Ruth Innerhofer: www.drumlerhof.com